21世紀のいま、マルクスをどう学ぶか

山田敬男／牧野広義／萩原伸次郎 編著

もくじ

I　マルクスの生き方と思想　　7

第1話　マルクスの生き方を考える　　（長久啓太）　8
　はじめに
　1　マルクスの選択
　2　労働者の団結求めて
　3　マルクスの歩み
　4　エンゲルスの歩み
　5　自分の力を誰のために

第2話　個人の尊重とマルクス　　（牧野広義）　24
　はじめに
　1　近代の人権宣言と「個人の尊重」
　2　功利主義——少数者を犠牲にする思想
　3　マルクスによる「自由・平等・所有」の解明
　4　労働現場での個人の犠牲
　5　労働者の新しい権利
　6　資本主義社会の変革
　7　未来社会と個人の尊重

第3話　未来を先取りする労働組合　　（赤堀正成）　40
　はじめに
　1　マルクスとの出会い——友人Tのマルクスの読み方
　2　マルクスを自分の眼で読んで自由闊達に議論する
　3　未来を先取りする労働組合

II 資本主義の分析と批判

第4話　マルクスの経済危機分析とわたしたち
　　　　──『資本論』を現代にどう生かすか　　（萩原伸次郎）

はじめに
1　マルクスは、なぜ経済研究を始めたのか
2　マルクスの時代の経済恐慌
3　1929年大恐慌の勃発と『資本論』の論理
4　パックス・アメリカーナと金融危機の鎮静化
5　世界経済危機と『資本論』の論理
まとめにかえて

第5話　『資本論』の視点で、AI（人工知能）やICT革命をどう見るか
　　　　（友寄英隆）

はじめに
1　資本主義的生産様式の生成と発展──資本主義的搾取制度と生産力の発展
2　「労働革命の原理」──「労働の分業と協業」
3　資本主義的搾取制度と機械工業の原理の確立
4　機械工業の原理と自然科学・技術学の進歩
5　デジタル化の原理──その技術的特徴について
6　『資本論』と21世紀資本主義の生産力基盤
むすびに

第6話　資本主義批判としての疎外・物象化論　　（岩佐　茂）

はじめに
1　マルクスの思想のキーワード──疎外と物象化
2　疎外──自分が自分でなくなること
3　「疎外された労働」批判
4　市場における「疎外された交通」批判

5　「疎外された人間的生活」批判
　　6　人間が手段化される
　　7　資本の論理がひき起こす物象化
　　8　疎外はどのように克服されるべきなのか
　おわりに

第7話　「資本主義の限界」と変革の展望　　　　（東　洋志）　112
　　1　閉塞の根源を探る――マルクス200年と現代認識
　　2　経済危機の基礎にあるもの――市場の限界
　　3　資本主義の制限突破――新自由主義とバブル経済
　　4　バブル崩壊と新自由主義の破綻
　　　　　――1974～75年不況以降の成長構造の行き詰まり
　　5　現代の危機の特徴――資本主義の行き詰まり
　　6　変革への展望――経済の民主的計画的コントロール
　　7　労働組合・社会運動の課題

Ⅲ　社会変革と未来社会　　　　129

第8話　労働者階級の成長・発展とマルクス・エンゲルス（妹尾典彦）　130
　はじめに
　　1　マルクス・エンゲルスの青年時代の思想形成
　　2　プロレタリアートの発見――「ヘーゲル法哲学批判序説」
　　3　エンゲルス『イギリスにおける労働者階級の状態』
　　　　　――労働者階級の成長・発展を示す
　　4　『共産党宣言』――労働運動と科学的理論の結合過程の成果
　　5　科学的社会主義の理論的発展と大衆的普及を一貫して追求
　おわりに

第9話　日常生活と政治意識　　　　　　　　　　（長澤高明）　148
　はじめに

1　支配的階級の諸思想は、どの時代でも、支配的諸思想である
　　2　棄権する人たちの政治意識と現存秩序維持との関係
　　3　生活が意識を規定する
　　4　労働者階級と階級意識
　　5　世論調査に見られる政治意識の構造
　　6　政治意識の涵養に向けて
　おわりに

第10話　マルクスが資本主義の先に見た社会　　　（石川康宏）　164
　　1　未来社会――社会主義・共産主義・結合的生産様式
　　2　未来社会への転換のキーワードは「生産手段の社会化」
　　3　人間の発達と経済活動の発展の好循環
　　4　民主共和制の政治から国家の死滅へ
　　5　未来社会は地球のどこにも生まれていない

第11話　マルクスの視点から日本の変革主体と労働運動を考える　180
　　　　　　　　　　　　　　　　　　　　　　　　　　（山田敬男）
　はじめに
　　1　多数者革命を基本路線とする科学的社会主義の社会変革論
　　2　現代日本の変革主体と国民的共同
　　3　マルクスの労働組合論と日本における労働運動再生の課題

あとがき　　　　　　　　　　　　　　　　　　　　　　　　200

　［カール・マルクスの略歴］　　　　　　　　　　　　　　202

〈凡例〉

　マルクス、エンゲルスの古典からの引用は原則として次の邦訳によります。引用にあたっては、本文中の（　）内に書名とページ数などを記します。なお、邦訳書および訳語・訳文は本書の筆者によって異なる場合があります。

1. マルクス『資本論』社会科学研究所監修、資本論翻訳委員会訳、新書版、新日本出版社。引用にあたっては、分冊とページを記します。たとえば、（① 59）は第１分冊の59ページです。
2. マルクス・エンゲルス『共産党宣言／共産主義の原理』服部文男訳、新日本出版社。
3. マルクス『『経済学批判』への序説・序言』宮川彰訳、新日本出版社。
4. マルクス・エンゲルス『［新訳］ドイツ・イデオロギー』服部文男監訳、新日本出版社。
5. マルクス「フォイエルバッハにかんするテーゼ」上記『［新訳］ドイツ・イデオロギー』所収。
6. マルクス「国際労働者協会創立宣言」「個々の問題についての暫定中央委員会代議員への指示」など『インタナショナル』不破哲三編、新日本出版社。
7. マルクス『経済学・哲学草稿』城塚登・田中吉六訳、岩波文庫。
8. マルクス『ユダヤ人問題によせて／ヘーゲル法哲学批判序論』城塚登訳、岩波文庫。
9. マルクス『賃労働と資本／賃金、価格および利潤』服部文男訳・解説、新日本出版社。
10. エンゲルス『イギリスにおける労働者階級の状態』上・下、浜林正夫訳、新日本出版社。
11. マルクス・エンゲルス『ゴータ綱領批判／エルフルト綱領批判』後藤洋訳、新日本出版社。
12. エンゲルス『空想から科学へ』石田精一訳、新日本出版社。
13. エンゲルス『多数者革命』不破哲三編、新日本出版社。
14. 『マルクス、エンゲルス書簡集』上・中・下、不破哲三編、新日本出版社。
15. その他の文献は『マルクス・エンゲルス全集』大月書店、から引用します。

1848年頃のドイツ

浜林正夫著『カール・マルクス』（学習の友社）より

マルクスの生き方と思想

第1話

マルクスの生き方を考える

長久啓太

はじめに

　自分の生き方を考える。大事なことでもあり、めんどうくさいことでもあります。でも、自分が生きていることを知っていて、いつか死ぬことも知っている私たち。だからこそ、一度きりの人生を「どう生きるか」ということを時々、あるいは大事な分岐点で、私たちは考えるのではないでしょうか。

　より踏み込んで考えると、個々の局面でどういう選択を、どのような「ものさし」でしていくのか、ということだと思います。人間には自由があります。自由とは選べることです。どう生きるのかという問いは、どういう選択をしていくのかと、考えることでもあります。

　どんな価値観を大事にするのか、どんな職業を選ぶのか、自分の持ち時間をどう使うのか、どんな人間関係をつくるのか、生活と仕事のバランスをどのようにとるのか、なにに向かって努力をするのか、誰の立場

に立つのか…。

　さらに、自分はどのような職場や地域、社会をのぞむのか。そのために自分はどのような関わりをもつのか。自分の力をどのように発揮するのか。そんな「選択」をしながら私たちは生きています。でも、そうした選択をじっくり考え議論する場が少なくなってきているとも思います。しなければならないことに追いまくられ、ゆとりのない生活を送っている人にとっては、その日その日を懸命に生活していて、目の前の道が狭いものに映っているかもしれません。「どう生きるのか」なんて、めんどうくさい問いは避けたくなるのではないでしょうか。

　もっともっと私たちには「選ぶ力」があるんだと伝えられたらいいなと思います。哲学という学問は、まさにそれに答えるもののひとつです。自分や自分のまわりのことをきちんと理解し、どのように生きていくのか、そのことを人間は過去からずっと考え、議論し、可能性を広げてきたのです。

　ここでは、「マルクスの生き方を考える」がテーマとなっています。なぜマルクスの生き方を考えるのか。それはなにより自分のためです。自分の人生の節々で、あるいは大切な場面で「どういう選択をしていくのか」というときの「参考」にしていくためです。マルクスを偉人として崇める、という態度ではなく、マルクスはこんなときこう考えただろうな、それって今の自分にあてはめてみるとどうだろう、どんな視野やものの見方で「自分のまわり」「現在の社会」をみて、自分がどのような行動をしていくのか（あるいはしないのか）、それを考えるために、私たちはマルクスを学ぶのだろうと思います。

1　マルクスの選択

　一度きりの人生を、どのように生きるのか。マルクス自身が、それを語っている文章があります。1835年、17歳のときに書いた「職業の選択

にさいしての一青年の考察」という論文です。
　「地位の選択にさいしてわれわれを導いてくれなければならぬ主要な導き手は、人類の幸福であり、われわれ自身の完成である。…（略）人間の本性というものは、彼が自分と同時代の人々の完成のため、その人々の幸福のために働くときにのみ、自己の完成を達成しうるようにできているのである。
　自分のためだけに働くとき、そのひとは、なるほど著名な学者であり、偉大な賢者であり、優秀な詩人ではありえようが、けっして完成された、真に偉大な人間ではありえない。
　歴史は、普遍的なもののために働くことによって自己自身を高貴なものとした人々を偉人と呼ぶ。経験は、最大多数のひとを幸福にした人を、最も幸福な人としてほめたたえる。…（略）
　われわれが人類のために最も多く働くことのできる地位を選んだとき、重荷もわれわれを屈服させることはできないであろう。なぜなら、その重荷は万人のための犠牲にすぎないからである。またそのとき、われわれは、貧弱で局限された利己主義的な喜びを味わうものではない。そうではなくて、われわれの行為は、静かに、しかし永遠に働きながら生きつづけるのである。そして、われわれの遺体の灰は、高貴な人々の熱い涙によって濡らされるであろう」（マルクス・エンゲルス全集⑩519ページ）
　どうでしょうか。ちょっと「生意気」だけれど、物事をとらえるスパンがとんでもなく大きいと思いませんか。「これが17歳？」と思ったかもしれませんね。でも、職業選択の基準に、「人類の幸福」「われわれ自身の完成」をかかげたマルクスの意志は、彼の生涯を貫く強固な立場でした。そしてマルクスは、人々の幸せを奪ったり壊したりするものの真の原因を明らかにするために生きました。それは個人の心掛けや偶然の支配するものではなく、資本主義社会のしくみ、その社会的法則が人間の人間らしさをゆがめ、貶めてしまうことを解明したのです。マルクス

は、生涯をかけて、科学的社会主義の理論の土台を構築しました、そのために、自分の力を最大限のスピードで伸ばしていく努力を惜しみませんでした。まさに彼は「人類の幸福」を追求するなかで、「自身の完成」を積みあげていった人なのです。

2 労働者の団結求めて

　もうひとつ、マルクスの生き方を考えるとき、私は、マルクスの盟友エンゲルスが書き残した一つのエピソードを思い浮かべます。
　エンゲルスは、マルクスがすでに亡くなっていた1890年の5月1日、ロンドンで行われた第1回メーデーに参加し、そのときの思いを『共産党宣言』のドイツ語版への序文の最後で書いています。
　「『万国のプロレタリア、団結せよ！』今から42年前、プロレタリアートが独自の諸要求をもって現われた最初のパリ革命の前夜に、われわれがこの言葉を世界にさけんだとき、ただわずかな声が答えただけであった。しかし、1864年9月28日に、大部分の西ヨーロッパの国々のプロレタリアは、光栄ある思い出のある国際労働者協会に団結した。インタナショナルそのものは、なるほどただ9年しか存在しなかった。しかし、それによって基礎がつくられた万国のプロレタリアの永久の同盟がなお生きており、しかも以前よりもいっそう強く生きていること、このことについては、まさにきょうという日ほどよい証人はない。（略）…きょうという日の光景は、すべての国々の資本家および地主の目を、こんにち万国のプロレタリアが実際に団結していることにたいして開かせるであろう。ただ、マルクスがなお私となんで立って、この光景を自分の目で見ているのであればよいのだが！」（『共産党宣言／共産主義の諸原理』33～34ページ）
　マルクスにも、このメーデーの様子を見せたかった。その思いを吐露したエンゲルスには、マルクスがこの光景をどんなに喜んだか想像でき

るのです。一緒にお酒を飲み乾杯したかったかもしれません。それがマルクスの「幸福」だったからです。

マルクスは、世界中の労働者の団結を強く追い求めました。団結の力によってこそ、労働者が人間らしくなれること、人間らしい働き方を勝ち取ることができると確信していたからです。そしてその力は、新しい、より人間の豊かさが開花する社会（社会主義・共産主義社会）をつくる原動力になることを理解していたからです。この日のメーデーの光景は、自分が生涯をかけて追い求め、運動し、理論を磨いてきた、その到達点のひとつだったのです。

「42年前」に「万国のプロレタリア、団結せよ！」と「世界にさけんだ」というのは、マルクス・エンゲルスの共同執筆である『共産党宣言』の最後の呼びかけです。この『宣言』はどんな中身なのでしょう。エンゲルスは「1883年　ドイツ語版への序文」のなかで、『宣言』そのものの内容について、簡潔にその意図を語っています。

「『宣言』をつらぬく根本思想、すなわち、歴史のどの時代でも経済的生産およびこれから必然的に生ずる社会的編成は、この時代の政治的および精神的な歴史にとって基礎をなすということ、したがって（太古の土地の共有の崩壊以後）全歴史は階級闘争の歴史、すなわち社会発展の種々の段階での搾取される階級と搾取する階級との、支配される階級と支配する階級とのあいだの闘争の歴史であったこと、しかしこの闘争は、いまや、搾取され、かつ抑圧されている階級（プロレタリアート）が自分を搾取し、かつ抑圧している階級（ブルジョアジー）から自分を解放することは、同時に全社会を永久に搾取、抑圧および階級闘争から解放することなしにはもはやありえない、という段階に達したということ」（『共産党宣言／共産主義の諸原理』13〜14ページ）

ここには、社会を科学的に見る目、があります。マルクスはこの時期すでに、史的唯物論というものの見方を確立しました。ポイントを私流

■第1話　マルクスの生き方を考える■

に紹介すると、①社会をみるときには、まず「たくさんの人間がそこで生きている」という事実から出発する。②「たくさんの人間が生きていく」ためには、衣食住など、必要なものをその社会全体で、労働によって生み出し、分配しなければならない。つまり生産活動（経済活動）こそが人間社会の基礎になる。そのうえに政治や思想や文化活動がつくられる。③だから、社会や歴史をみるさいには、どのような条件や人間関係のもとで、その生産活動が行われているかに注目する。④生産活動のなかでの人間関係は「生産手段（土地や建物、機械や原材料のこと）」を持っているかいないかで分かれること、それを「階級」ということ。資本主義社会では「雇う人間（資本家）」と「雇われて働く人間（労働者）」という太い人間関係がみえてくる。階級という「真の対立軸」をつかむこと。⑤これまでの社会は、階級間のたたかいを軸に、そのたたかいを通じて動いてきたこと。

さらに、壮大な見通しですが、労働者階級が自分を解放する（自由になる）ことは、同時に、これまでの歴史にみられた階級という人間が分断された社会からの離脱をもたらすと指摘しています。労働者階級は、資本主義社会の矛盾を克服した新しい社会をつくる主体的な力であると同時に、それは人類の歴史にとっても画期的な自由の前進であるということです。

私は20歳の頃、ようやく社会的な問題に目を向け、科学的社会主義の理論を学び始めた頃、『共産党宣言』を読みました。細部までわかったとは言いがたいですが、こうやって社会や歴史、さらに未来社会までを根本から把握し、自分がどういう立場で生きている人間なのかを自覚させてくれる書物に強烈なインパクトを感じたものです。

『共産党宣言』は、マルクス29歳、エンゲルス27歳のときに書かれたものです。いったい彼らは青年時代をどう過ごし、なにとぶつかり、どんな葛藤を乗り越えてきたのか。どうしてこのようなものを書くことができたのか。そのエネルギーは何か。彼らの歩みのなかから、それを探

っていきたいと思います。

3 マルクスの歩み

　まず、マルクスの歩みをみていきましょう。先に結論だけ書いておくと、マルクスもさまざまな人やその時代の課題から影響を受け、悩みながら自分の選択をしていった、ということです。あたり前ですが、最初から完成した"マルクス"ではなかったのです。

　彼は1818年、いまでいうドイツのライン州・トリールという街で生まれました。のちに生涯の友となり同志として活動したエンゲルスは、2年後の1820年に同じくドイツに生まれています。

　トリールという街は、フランスの国境近くにあり、30年ほど前に起こったフランス革命の影響も強かった場所でした。

　弁護士だったマルクスの父は、当時としては、かなり進歩的な思想の持ち主。マルクスにも人々のために役立つ人間になるよう期待をかけていました。

　マルクス家と家族ぐるみで交流のあったヴェストファーレン家（貴族階級）との親交もマルクスに影響をあたえています。マルクスの父と、ヴェストファーレンは親密な友人で、よくマルクスらなどにギリシャ神話やシェイクスピアの作品などを語り聞かせてくれていたそうです。さらにマルクスの姉のゾフィーと、ヴェストファーレン家の娘のイェニー（マルクスの4歳年上）は、親友という仲で、マルクスはこのイェニーとのちに結婚します。

　高等中学校（ギムナジウム）に12歳で入学したマルクスでしたが、この学校も、フランス革命の影響で、進歩的な教師が多かったといわれています。文学や歴史、フランスの啓蒙思想家たちの著書やドイツの古典哲学者たちの著書、さらにラテン語やフランス語、数学などなど、マルクスは本当に旺盛に学んでいきます。この頃には、すでに父と対等にヨ

■第1話　マルクスの生き方を考える■

若き日のエンゲルスとマルクス

ーロッパの政治のこと、思想家たちの考えやその矛盾点について、語り合っていたというから驚きです。

　マルクスは幼少の頃からさまざまな文学に親しんでいたと言われています。主著『資本論』にはシェイクスピアからの引用が見られますし、ギリシャ神話からの例えもあります。その意味では、マルクスの人間形成に文学などが大きな影響を与えているとも言えます。人間らしい喜怒哀楽、平等観や倫理観などを文学から学び、「不正義は許さない」「人びとの幸せのために生きる」という人生観を育てていったのではないでしょうか。

　ギムナジウム卒業後、ボン大学へ入学したマルクスは、父と同じ道として、弁護士という職業も考えていましたが、法学だけでなく、文学や、美学、物理学、化学などの聴講届を出していました。さらに、ギリシャ・ローマ神話やホメーロス問題とか、近代芸術史といった、マルクスの関心の高い講義も聴いていたそうです。やがてそれらの講義の多くに満足できなくなり、聴講を減らし、自分の計画にしたがって独学をはじめていきます。これは生涯のマルクスの学問スタイルになります。ボン大学時代は、もちろん旺盛な学びをすると同時に、生活はかなり荒れて

いたらしく、父親はマルクスを心配し、ベルリン大学への転学をさせます。

さて、ベルリン大学に移ったマルクスは、そこでヘーゲルという大哲学者の思想を吸収します。それは弁証法というものの見方で、「自然や社会はつねに変化していくし、そこには法則性が貫かれている」という世界観です。当時としては非常に革新的な思想でした。それを自分のものとして身につけ、目の前の社会を分析していきます。また弁証法を自分自身の生き方を貫く思想にもしていくのです。

その後、マルクスは『ライン新聞』という左派的新聞社に勤め、健筆をふるいます。そこで彼は、社会で生起してくるさまざまな問題の背景に、経済の問題があることを見、経済学の学びの必要性を痛感するのです。

一方、マルクスの盟友となるエンゲルスは同じ時期、父の経営する工場があるイギリスのマンチェスターに経営の見習い修行に行っていました。エンゲルスは、世界でもっとも進んだ資本主義社会のイギリスで、労働者が、貧困や劣悪な環境、長時間労働などで苦しんでいることを目の当たりにし、また労働者のたたかいにふれていきます。イギリスの最先端の経済学にも学んでいたエンゲルスは、それを批判的に受け継ぎ、資本主義を擁護する経済学を根本から批判する経済論文を書きます。それを読んだマルクスがたいへんな刺激を受け、マルクスとエンゲルの本格的な交流がはじまります。やがて二人はパリで出会い、思想の面でも、どう生きるのか、という点でも意気投合し、二人の巨人の共同が幕をあけるのです。

マルクスは本格的な経済学の研究に取り組みます。しかしマルクスは、ずっと部屋にこもって研究ばかりしていたわけではありません。実践活動にも精力的に参加し、共産主義同盟という組織の立ち上げにもかかわります。その共産主義同盟がかかげた綱領的文章が、世界的に有名となる『共産党宣言』です。また『宣言』が書かれたすぐあとドイツで革命

が起こりますが、マルクスはすぐに駆けつけ、ジャーナリストとして新聞を発行します。その革命が敗北したあと、ロンドンに亡命したマルクスは、経済学の研究と、「インタナショナル」という国際的な労働者組織の指導にあたっていきます。

マルクスをひと言で評するならば、やはり「変革者」です。マルクスの生涯は、社会をまるごと把握しようという努力とあわせて、社会の矛盾に立ち向かい、変革する姿勢にみちています。

でも変革者として生きていくということは、言葉でいうほど簡単なことではありません。社会を変えようする運動は、さまざまな難しさや困難をともなうものだからです。それは、日本社会をなんとかしようと日々奮闘しているみなさんも、同じだと思います。マルクスも、権力からの攻撃や迫害、自身の生活の貧困や病気との闘いなどがありました。活動や研究へのブレーキになる要因を抱えながらの生涯でした。でも彼は、「人類の幸福」と「自分の人生」を重ねる生き方を貫き、偉大な仕事を残しました。だからこそ、マルクスから学び続けることが、私たちの日々の活動を支える力のひとつになると私は考えています。

4　エンゲルスの歩み

つぎに、エンゲルスの青年時代をみていきましょう。彼は1820年ドイツライン州、バルメンに生まれます。マルクスの生れたトリーアと違い、保守的な町だったようです。敬虔派と呼ばれるキリスト教の宗派が、文学や音楽、スポーツその他文化的営みを排斥して、節欲の生活様式を説いていました。聖書万能、科学的知識を否定する説教…。なんというか、やはり自由がなかったのです。

そんな町で、名の知られた工場経営者の長男としてエンゲルスは誕生します。父は、熱心な敬虔派宗徒で、暴君的でもあり、この父とは、つねにエンゲルスは激突することとなります。母方の祖父は、ギリシャ

語・ラテン語の教師で、幼いエンゲルスに、さまざまな昔の話をきかせてくれたそうです。エンゲルスは、ギリシャ神話の英雄たちの活躍に胸おどらせます。人間くさい神々の物語は、自分をとりまく保守的な世界とは別の世界があることを教えてくれました。

エンゲルスは、14歳でバルメンの実業高校をおえ、ギムナジウムに入ります。進歩的な教師も多く、フランス語や歴史や地理や数学など、多くの専門学科にはじめて接し、心おどらせて学習しはじめます。エンゲルスは、文学的・詩的情操の豊かさもあり、スケッチや漫画もよく書いていました。父は、「けがらわしい」文学に熱中する息子を、嘆いたそうですが…。

父は息子のエンゲルスに商売人修行をさせるため、卒業の９か月前に息子を退学させてしまいます。エンゲルスは深く落胆しました。

17歳のとき、ブレーメンでの商店員生活がはじまります。父の知人の店で貿易事務見習いとして２年８か月の修行時代でした。しかし父親との生活から離れたこの時期に、エンゲルスは激しい独習を通じて、急速に成長していきます。当時のバルメンに比べれば、きわめて自由で開放的な町だったブレーメン。エンゲルスは、余暇の一切をあげて、さまざまな文学や学問を吸収し、自分をしばりつけていた宗教への批判的検討に進んでいきます。そのときの手紙のひとつです。

「僕はヘーゲルの歴史哲学を勉強しているが、これは壮大な著作だ。僕は毎晩、義務としてこれを読んでいる。巨大な思想がおそろしいくらいに僕を感動させる」（エンゲルスからグレーバーへの手紙、1840年１月21日）

そしてすでにこのときから、ジャーナリストとして頭角をあらわし、判明しているだけで16にのぼる新聞雑誌に詩や文芸評論を発表しました。また商店員として世界各国の新聞をむさぼり読み、25か国の外国語を読めるようになったといわれています。すごいですね。

学問や文学のなかに自由やたたかいの精神を見いだしたエンゲルス。

■第1話　マルクスの生き方を考える■

　それは、自分をとりまく現実の変革と同時に、自分自身を覆っていた「あたりまえの考え方」（当時はキリスト教の影響力が絶大でした）との激しい思想闘争でもありました。まさに自由を求めての葛藤だったのです。

　さて、エンゲルスはブレーメンでの修行のあと、兵役のためにベルリンへ行きます。その兵役のあいだをぬって、ベルリン大学の聴講生にもなるのです。ここで、ヘーゲル左派と交わり、さらなる世界観の前進へすすんでいきます。当時、反動的哲学者となっていた、シュリング教授に徹底的な批判をしていきます。この時期にも、はげしい独習を積み重ね、宗教的世界観から完全にぬけでます。さらに、ベルリン大学にかつていたマルクスというすごい人間のことを伝え聞き、あこがれをもつようになります。

　22歳になったエンゲルスは、イギリスのマンチェスターへ。父の出資する工場へ見習い仕事に行きます。この途上、ライン新聞のマルクスに会いに行きますが、このときはマルクスの誤解で冷たくあしらわれてしまいます。

　当時、資本主義のもっとも進んだ国で、エンゲルスはどんな光景を見たのでしょうか。仕事が終わったあとや休日などに、マンチェスターの街を調査し、資料も読み、労働者の声を直接聞き、労働組合やチャーティスト運動などとの交流もはかります。マンチェスターの案内役となったのが、その後、エンゲルスの妻となるメアリ・バーンズで、父の工場で働くアイルランド出身の糸巻き女工でした。

　エンゲルスは、マルクスとは違った道を歩いて、目の前の労働者たちの苦難の原因を探ろうとしました。そして、経済学の研究の必要を痛感するのです。哲学を勉強し宗教を克服したエンゲルスは、この資本主義のメッカで、イギリスの古典派経済学などを、マルクスより一足早く読みはじめます。

　そして、マルクスがフランスで刊行した『独仏年誌』に経済論文を寄稿します。マルクスとの同盟と友情の開始です。

その後、エンゲルスは、マンチェスター時代の自らの調査を一冊の本にまとめます。それが、『イギリスにおける労働者階級の状態』(1844年)(以下、『状態』と略記)です。若きエンゲルスの情熱ほとばしる名著です。序文のなかで、エンゲルスはこう語っています。

「労働者階級の状態は現在のあらゆる社会運動の実際の土台であり、出発点である。なぜならそれは、われわれの現在の社会的困窮の最高の、もっともあからさまな頂点だからである」(『状態　上』17ページ)

共産主義の理論に賛成するにせよ反対するにせよ、「あらゆる夢想や幻想に終止符をうつためには、プロレタリアの状態を知ることが絶対に必要である」とも述べています。

さらに、エンゲルスの「生き方の選択」がはっきりと出ている文章をご紹介します。

「労働者諸君！　諸君に私は一冊の本をささげる。そのなかで私は、諸君の状態、諸君の苦しみとたたかい、諸君の希望と展望を、わがドイツの同胞の前に忠実にえがきだそうとつとめた。私は諸君の環境についてある程度知るのには十分長く諸君のあいだで暮らしてきたし、その知識を得るために真剣に注意を払い、また入手できるかぎりさまざまな公式、非公式の文章を、研究してきた。——私はそれだけでは満足せず、私の主題のたんなる抽象的知識以上のものをもとめ、諸君の自宅に諸君を訪ね、諸君の日常生活を観察し、諸君の状態や不満について諸君と語り、諸君を抑圧しているものの社会的政治的権力にたいする諸君のたたかいを、この目で見たいと思った。そして私はそうしたのである。私は中流階級の会合や宴会、ポートワインやシャンパンを見捨てて、ひまな時間をほとんどすべて、ふつうの労働者との交際にふりむけた。私はそうしたことを喜び、誇りに思っている」(『状態　上』13～14ページ)

エンゲルスは、資本家の家に生まれ、資本家の息子として経営者修行を積んできましたが、彼はその反対、「労働者の立場」でものごとを見、

■第1話　マルクスの生き方を考える■

資本のもとで働く労働者の「人間性の剥奪」をするどく告発するのです。自分の出身階級である、資本家たちに対して。

マルクスもエンゲルスも、ヒューマニストです。つねに人間から出発し、人間を押しつぶすものへの怒りを燃やし、人間らしく生きることを追求してきました。

エンゲルスの『イギリスにおける労働者階級の状態』には、こういう「人間論」もあります。

「動物のようにあつかわれている労働者がほんとうに動物になったり、あるいは、権力を握っているブルジョアジーにたいして憎悪を燃やし、たえず心のなかではげしく怒っていることによってのみ、人間らしい意識と感情をもちつづけることができるのも、当然のことである。彼らは支配階級にたいして怒りを感じているかぎりにおいて人間なのである。彼らにかけられている首かせを我慢し、その首かせを自分でこわそうとせず、首かせをつけたままの生活を快適だと思うようになるとすぐ、彼らは動物になる」（『状態　上』176ページ）

「労働は彼に精神的な活動の場を与えないのに、その労働をきちんとやっていくためには、ほかのことをまったく考えてはいられないほどの注意力が必要とされる。そしてこのような労働——労働者の自由時間をすべて奪い、食うひまも寝るひまも与えず、戸外で運動したり、自然を楽しんだり、まして精神的な活動の時間などはゆるさないような労働——を刑罰として科することは、人間を動物に転落させてしまうことではないだろうか！　労働者にはやはり、自分の運命にしたがって『よい労働者』となり、ブルジョアジーの利益を『忠実に』守るか——その場合、彼は確実に動物に転落する——、あるいは、できるだけ抵抗して自分の人間性を守るためにたたかうか、二つに一つの選択しか残されていない。そしてあとの道は、ブルジョアジーとのたたかいのなかでのみ可能となる」（『状態　上』182〜183ページ）

たたかうなかで、労働者は人間を取り戻す。団結によって人間性を守

る。だからこそ、マルクスとエンゲルスは「万国の労働者よ、団結せよ！」と呼びかけたのです。

5　自分の力を誰のために

　労働者階級が実際に置かれている状態への怒りが、マルクスの実践と理論活動のなによりの原動力になっています。そこにあるのは、人間への深い信頼と愛情です。だからこそ、人間らしさを奪うものへの怒りがわくのです。私は、現代日本に生きる私たちが、人間性を奪おうとするものをはっきりと自覚し、団結して人間を守るたたかいの連帯を広げようとするときに、やはりこのマルクスの生き方は、大きな指針になるのではないかと思います。

　1867年、マルクスがその生涯をかけて取り組んだ主著、『資本論』の第一部が出版されます。『資本論』には、誰も否定できない労働者階級の過酷で劣悪な実態がたくさん書き込まれています。『資本論』が誰のために書かれたのかということが、そこから見えてきます。

　『資本論』は、貧困や格差、過酷な労働に苦しむ労働者階級の状態という「現実」の背景に、「社会のしくみ」つまり資本主義経済という生産のあり方があることを「科学の目」で明らかにしていきます。ここには、自己責任論など入る余地はまったくありません。問題の根本をとらえた、マルクスの「怒りの矛先」の確かさがあります。

　そして彼は、労働者階級のために、自分の力を伸ばし、役立てる生き方を選びました。『資本論』はその結晶であり、労働者階級への最大の贈り物です。彼の生き方やヒューマニズム精神にふれると、「誰のために、なぜ、自分の力を発揮するのか」という本質的問いのひとつを、確認できると私は思います。

　さいごに学びの態度について。マルクスの理論は、解釈のためではな

く、つねに変革のための理論であったことを強調したいと思います。彼が若い時に書いたメモに、「哲学者たちは、世界をただいろいろに解釈してきただけである。しかし、たいせつなことは、それを変えることである」（フォイエルバッハに関するテーゼ）というものがあります。事実、彼が断片的に残した革命論からは、「どのように社会を変革するのか」への旺盛な努力を学ぶことができます。マルクスを読むことによって、自分の「学びの目的」がぶれていないか、評論家になっていないか、「確かめる作業」ができます。

さらにマルクスは、先人の学問の到達点を余すことなく吸収しつつ、それを弁証法的に発展させることをつねに研究態度として貫いていました。たとえ自分と立場が違う人であったとしても、そこで探求されていることが、現実をとらえる部分をもっているならば、貪欲に吸収する──それが、マルクス的態度です。

マルクスの生き方から学び取れることは、環境や立場、問題意識によって、また自分自身の変化によっても、多様であるし、違ってきます。でも根本になる「ものさし」は明解です。つねに人間から出発し、人間社会を問い、変革者として人々の幸福のために生きたのがマルクスです。その生き方は、これからも、世界中の人々に、「こういう選択がある」という材料を提供し続けるでしょう。

第2話

個人の尊重とマルクス

牧野広義

はじめに

　今日の日本では、さまざまな出来事をとおして「個人の尊重」が問われています。自民党の杉田水脈議員が、LGBT（性的少数者）について、「生産性がない」から税金を使って支援するのは無駄だという文章を発表しました。これを知った、5,000人もの若者らが自民党本部前に集まって、「他人の価値を勝手に決めるな」、「人権を無視する議員は辞めろ」などの声をあげました。

　沖縄では、広大な米軍基地があり、住民の被害が絶えません。安倍政権は沖縄県民の反対を押し切って辺野古に新しい米軍基地をつくろうとしています。これに対して、今年（2018年）9月の沖縄知事選挙でも辺野古基地建設阻止をかかげた玉城デニー候補が当選しました。「個人の尊重」に反する政治とのたたかいがさまざまな場面で続いています。

　個人を尊重しない考えは、社会の全体が豊かになり、国家が繁栄する

ためには、個人は犠牲になってもしかたがない、多数者の幸福のためには少数者の不幸は無視する、という考え方です。杉田議員にも安倍政権にもこの考え方があります。しかし、これは日本国憲法の精神に真っ向から対立する考えです。

日本国憲法第13条は次のように言います。「すべて国民は、個人として尊重される。生命、自由及び幸福追求に対する国民の権利については、公共の福祉に反しない限り、立法その他の国政の上で、最大の尊重を必要とする」。ここで、個人が尊重されるということは、個人の生命・自由・幸福追求の権利が保証されることです。「公共の福祉」（みんなの幸せ）とはみんながお互いの権利を尊重しあうことです。立法・行政・司法という国政にこそ、国民の権利を実現する責任があるのです。

「個人の尊重」という言葉は、「世界人権宣言」（1948年）などがいう「人間の尊厳」と同じ意味です。つまり一人ひとりの人間がかけがえのない価値をもつのであり、その価値を尊重しなければならないということです。「個人の尊重」や「人間の尊厳」は、世界の人びとの「生命・自由・幸福追求」の権利を求める運動を背景にして、とりわけ第二次世界大戦の悲惨な戦争の反省から、明確に掲げられたものです。日本国憲法（1946年公布）で「個人の尊重」と表現されたのは、戦前や戦争中の日本では、個人がまったく粗末にされてきたからです[1]。

「個人の尊重」という思想を形成するうえで、17～18世紀の近代市民革命とその後の労働運動・社会運動、およびそこで活躍した思想家が大きな貢献をしてきました。その思想家の一人に、カール・マルクスがいます。本章では、「個人の尊重」の思想が形成されてきた過程と、マルクスの思想の特徴を考えたいと思います。

1　近代の人権宣言と「個人の尊重」

17～18世紀のヨーロッパやアメリカで「人間の権利」という思想が

登場しました。それは「人権宣言」や憲法にもうたわれました。それは「個人の尊重」の出発点になるものです。しかし、17～18世紀の人権思想は「すべての人間」の権利をうたいながら、文字通り「すべての人間」の権利を実現するものではありませんでした。この点を見ておきましょう。

17世紀のイギリスでは、ジョン・ロック（1632～1704）が、人間の権利を実現するために人民は政府をつくり、政府が権力を乱用した場合には、人民は抵抗権・革命権をもつと主張しました。この思想によって、イギリスの「名誉革命」が行われ、王の政治権力を奪って、議会が権力をもつようになりました。

18世紀のアメリカの独立革命のさなかに「アメリカ独立宣言」（1776年）が発表されました。これはロックの思想を具体化するものでした。それは次のように言います。

「われわれは、自明の真理として、すべての人間は平等につくられ、造物主によって一定の奪いがたい天賦の人権を付与され、そのなかに生命、自由および幸福の追求が含まれることを信じる。また、これらの権利を確保するために人類のあいだに政府が組織されたこと、そしてその正当な権力は被治者の同意に由来するものであることを信じる。そしていかなる政治形態といえども、もしもこれらの目的を侵害するものとなった場合には、人民はそれを改廃し、‥‥新たな政府を組織する権利を有することを信じる」（『人権宣言集』岩波文庫、参照）。

ここでは「すべての人間の平等」、造物主（神）から与えられた「生命、自由および幸福追求の権利」、人民主権の国家、人民の革命権など、近代社会の重要な原理が主張されています。

アメリカ独立革命に続いて起こったフランス革命では「フランス人権宣言」（人間および市民の権利宣言、1789年）が発表されました。ここでは、「人間の譲ることのできない神聖な自然権」が主張され、そのなかで、「人間は自由かつ権利において平等なものとして生まれ」、「自由・所

有・安全および圧制への抵抗の権利」をもつことが主張され、「国家の主権は国民がもつ」ことなどがうたわれました。

　しかし、これらの人権宣言には重大な制限がありました。ここで主張されている「人間」の代表は、財産をもつ男性です。貧しい農民や労働者は、充分な税金を払えないという理由で、参政権（議員や大統領などを選挙する権利など）をもつことができませんでした。参政権はすべての女性からも奪われました。貧しい農民や労働者にとっては、「自由・平等・所有」の権利や「国民主権」と言っても、その実態は、苦しい労働が強いられる「不自由」、富と貧困の「不平等」、財産の「無所有」であり、「参政権の剥奪」だったのです。「個人の尊重」が実現できたのは、財産のある男性（地主や資本家たち）にすぎませんでした。

　さらに、アメリカでは多くの黒人奴隷がいました。彼らは人間扱いをされませんでした。アメリカの先住民（インディアン）も、白人によるアメリカ大陸の開拓をじゃまする野蛮人として、迫害され虐殺されました。イギリスもフランスも植民地をもっていましたが、植民地の原住民は野蛮人として扱われ、人権は認められませんでした。

　これが、19世紀までのヨーロッパやアメリカの現実でした。

2　功利主義——少数者を犠牲にする思想

　資本主義が発展するなかで、19世紀のヨーロッパやアメリカで影響力をもった思想は「功利主義」です。ジェレミー・ベンサム（1748～1832）は、個人の快楽の増大と苦痛の減少が幸福であり、個人の幸福の総和が社会全体の幸福であると主張しました。そして、「最大多数の最大幸福」をスローガンとして、社会全体の「効用」の増大に役立つ社会政策を提案しました。

　たとえば、囚人も非人間的な扱いをしないで、監視しやすい円形の監獄をつくって、囚人を働かせて、その労働の収益による監獄の運営が提

案されました。また物乞いを捕まえて救貧院で働かせて、自分の生活費を負担させるだけでなく、彼らを捕まえた人への報奨金も負担させるという提案などもされました。これらは「改革」の側面をもちます。しかし次のような主張もされます。

「功利主義」の経済学者は、財の分配にあたっては、財をより効率的に利用する人により多く分配し、非効率的な人により少なく分配した方が、社会全体の効用が増大すると主張します。たとえば、健常者と障害者とのあいだの財の分配では、財の効率的な運用に優れている健常者に多く分配した方が、社会全体の効用が増大するとされます。

つまり、社会の経済効率が上がって、社会全体が幸福になるのであれば、少数者を犠牲にすることも正当化されます。こうして、アメリカでは貧富の格差の増大や、黒人への差別などが正当化されてきました。「最大多数の最大幸福」は、「すべての個人の幸福」ではありません。「少数者」とされる黒人、少数民族、障害者、失業者、病人など多数の「社会的弱者」が犠牲にされるのです。男性の優位のもとで、女性への差別も当然視されます。

しかも、資本主義社会で経済的な効率の増大をめざすことによって、資本家どうしの競争や労働者どうしの競争がきびしくなります。競争の勝者は富や高い地位を得て、敗者は経済的に没落して貧困におちいることが当然視されます。競争に負けたくない資本家は労働者に長時間労働や過密労働を要求することになります。労働者も職を失いたくなければ、長時間労働や過密労働をせざるをえなくなります。そしてこのような競争に負けることは、個人の「自己責任」だとされるのです。

3　マルクスによる「自由・平等・所有」の解明

近代の人権宣言にもとづく近代社会の形成や、功利主義にもとづく社会政策や経済政策が行われている19世紀のイギリスで、マルクスは資本

■第2話　個人の尊重とマルクス■

主義社会を研究しました。

　マルクスは、近代の人権宣言のいう「自由・平等・所有」の権利は、けっして神から与えられた「自然権」ではなく、現実の社会に根拠をもつと主張しました。

　資本主義経済の基礎は商品交換です。商品交換においては、商品や貨幣を所有する者どうしが、対等の立場で、等しい価値をもつ商品を交換したり、商品の価値どおり貨幣を支払って、売買が行われます。これは、「平等」な関係です。また商品の売買は商品所有者や貨幣所有者の自由な意志にもとづいて行われます。ここでは自分の売りたい物を自由に売り、自分の欲しい物を自由に買うのです。つまり、売買の「自由」があります。しかも、このような「自由」で「平等」な商品交換が成り立つのは、自分が欲しい物を力づくで手に入れるのではなく、商品所有者や貨幣所有者の「所有」が相互に承認されているからです。そして、商品交換を基礎にして、国内外から富を蓄えた貴族や大商人らが資本家（ブルジョアジー）となって、土地や工場などの生産手段と、労働者の労働力を購入することによって、資本主義経済が成り立つのです。

　こうして、商品交換の発展と資本主義経済の形成によって、「自由・平等・所有」の権利が主張され、それが社会的に承認されるようになりました。それは、領主が農民を土地に縛りつけて労働をさせる「不自由」な経済制度や、封建的な身分制によって支配する「不平等」な制度や、領主が農民から年貢を取り立てたり、労役をさせたり、国王が商人から重税を取りあげるような「所有の侵害」と矛盾します。ここから、近代市民革命では、「自由・平等・所有」を中心とした「人権宣言」が革命の旗印となって、絶対王政が打倒され、封建的な制度が一掃されたのです。なお、フランス革命では、ブルジョアジーは農民や労働者らの力も結集するために、「自由・平等」とともに「友愛」をスローガンにしました。「自由・平等・所有」の人権とともに「自由・平等・友愛」のスローガンを掲げて近代国家が実現されたのです。

このように、マルクスは、近代の人権は、現実の商品交換関係と資本主義経済の形成に根拠があり、それが市民革命において確立されたことを明らかにしたのです。

　マルクスはさらに、「功利主義」の提唱者であるベンサムの名前もあげて、『資本論』で次のように言います。「労働力の売買がその枠内で行われる流通または商品交換の場面は、実際、天賦の人権の真の楽園であった。ここで支配しているのは、自由、平等、所有、およびベンサムだけである」（『資本論』②300）。ここで、商品流通の場面が、「自由、平等、所有」という「天賦の人権の真の楽園」であると言われる意味は、上で見たことから明らかでしょう。

　では、「ベンサム」というのはどういうことでしょうか。マルクスは次のように言います。「ベンサム！というのは、商品交換の当事者のどちらにとっても、問題なのは自分のことだけだからである。……このようにだれもが自分自身のことだけを考えて、だれもが他人のことは考えないからこそ、すべての人が、事物の予定調和に従って、またまったく抜け目のない摂理のおかげで、彼らの相互の利得、共同の効用、全体の利益という事業をなしとげるだけである」（②301）。

　つまり、ベンサムは、各人が利己的な利益を追求すれば、それが社会全体の利益になると主張するのです。それは、労働力の購買によって利益をあげる資本家の「抜け目のない」主張であって、なんの根拠もない「予定調和」の「摂理」（神の定め）にすぎないのです。

　マルクスは、以上のような商品流通における「自由・平等・所有・ベンサム〔共同利益〕」が、資本主義的な生産がおこなわれる労働現場では、いかに「不自由・不平等・無所有・不利益」に逆転するかを明らかにします。

4　労働現場での個人の犠牲

　労働現場でまず問題になるのは、長時間労働です。労働者が、賃金とひきかえに労働力を売って、長時間労働をすればするほど、資本家の利潤は増大します。マルクスは『資本論』で、19世紀前半のイギリスの新聞や政府の報告書などから、長時間労働の多くの事例をあげています。

　レース工場では、9～10歳の児童が朝の2時、3時、4時に起こされて、夜の10時、11時、12時まで働かされていました。これを、ロンドンの新聞は「無制限な奴隷状態」や「緩慢な人間屠殺（とさつ）」だと書きました（②416）。

　製陶（せいとう）業では7歳の子どもが15時間労働を行い、二晩徹夜でも働かされています。製陶業地方では寿命が異常に短く、肺疾患での死亡率の高さや身長・体重の減少が見られます。

　マッチ製造業では、顎（あご）けいれん症という特有の病気が広がり、児童も含めて15時間にもおよぶ労働と夜間労働、燐毒（りんどく）に満ちた作業室など、文学の「地獄絵」以上の恐ろしい現実です。

　壁紙工場では、13歳未満（7歳から）の児童や18歳未満の年少者を12時間から16時間の労働を行わせ、10時間半のあいだ食事もさせません。

　製パン業では、夜の11時に仕事が始まり、中休みを入れながら翌朝の8時までパンを焼き、午後4～7時ころまでパンを配達する。そして4～6時間の睡眠をとって、同様の仕事を始める。このくり返しです。このような現実にたいして、製パン職人たちは夜間労働および日曜労働の禁止を訴えました。そして1863年の議会でようやく18歳未満の製パン職人の夜9時から朝の5時までの労働時間が禁止されたのです。

　さらにマルクスは続けます。鉄道事故で数百人の乗客が死亡する事件が起こり、大陪審によって、車掌、機関士、および信号手が審問されました。彼らは、労働時間がそれまでの14時間から20時間に引き上げられ、

中断なしに40～50時間も働くことがあると言います。マルクスは、「感覚麻痺が彼らを襲う。彼らの脳は考えることをやめ、彼らの目は見ることをやめる」(②432) という彼らの証言を紹介しています

　こうして、あらゆる職業・年齢の男女に過度労働が広がっていました。
　1863年６月のロンドンのすべての日刊新聞が、「純然たる過度労働からの死」という見出しをつけて報道しました。話題になったのは、有名な宮廷用婦人服仕立所で働いていた、メアリー・アン・ウォークリーという20歳の女工の死亡でした。マルクスは彼女の名前を４度もあげて、新聞報道などを紹介しています。メアリー・アン・ウォークリーは26時間半も休みなく働き、狭すぎる換気不良の寝室で死亡しました。自由貿易派の機関紙『モーニング・スター』は、「わが白人奴隷たちは、墓場に入るまで働かされ、衰弱しきって、ひっそりと死んでゆく」と書きました (②436)。アメリカに黒人奴隷がいるだけでなく、イギリスにも「白人奴隷」がいるというのです (1863年は、アメリカではリンカーン大統領による奴隷解放宣言の年でした)。

　労働者を苦しめるのは、長時間労働や過密労働だけではありません。機械が工場に導入されると、労働者の解雇もおこります。また労働者は機械に従属して、機械の部品のように働かされます。さらに、資本主義社会では、経済恐慌が10年周期でおこります。その時には大量の労働者が解雇されます。資本家は、景気がよくなれば直ちに雇用でき、また景気が悪くなれば解雇できる「使い勝手のよい」

鞭でうたれる子ども（1854年に出版されたジョン・コブデン『イギリスの白人奴隷』の口絵）

労働者として、失業者や半失業者をつくりだすのです。その意味で、マルクスは、失業者は「産業予備軍」だと言います。軍事国家が戦争にそなえて予備軍をもっているように、資本家も好景気にはすぐに使える「予備軍」として失業者をもっているというのです。

以上の現実をマルクスは次のようにまとめています。

「資本主義制度の内部では、労働の社会的生産力を高めるいっさいの方法は、個人的労働者の犠牲として行われるのであり、生産を発展させるいっさいの手段は、生産者の支配と搾取との手段に転化し、労働者を部分人間へと不具化させ、彼を機械の付属物へとおとしめ、彼の労働苦によって労働の内容を破壊し、科学が自立的力能として労働過程に合体される程度に応じて、労働過程の精神的力能を労働者から疎外(そがい)するのであり、またこれらの方法・手段は彼の労働条件をねじまげ、労働過程の中できわめて卑劣で憎むべき専制支配のもとに彼を服従させ、彼の生活時間を労働時間に転化させる」(④1108)。

ここにはマルクスの怒りが込められています。マルクスが言っているように、資本家が労働者を「社会的労働力」として結合し、また機械も導入して「社会的生産力」を高めるのですが、それは「個人的労働者の犠牲」によって行われるのです。ここから、資本が富めば富むほど、労働者の状態は悪化します。マルクスはこのことを次のように言います。

「一方の極〔資本〕における富の蓄積は、同時に、その対極における、すなわち自分自身の生産物を資本として生産する階級〔労働者〕における、貧困、労働苦、奴隷状態、無知、野蛮化、および道徳的退廃の蓄積である」(④1108)。

労働者はたんに貧しくなるだけでなく、奴隷状態におちいり、教育も受けずに働かされて「無知、野蛮化、道徳的頽廃」も進むのです。

5　労働者の新しい権利

　以上のような現実に対して、労働者はけっして黙っていませんでした。労働者は労働組合をつくり、ストライキも行って、とりわけ労働時間の制限を要求してたたかいました。その成果が、イギリスでは1833年以来、次々に改正されていった「工場法」です。それは、1日の労働時間を、まず12時間へ、さらに10時間へと制限し、工場で働く子どもたちの学校教育と、工場の安全管理を資本家に義務づけ、さらに「工場法」の順守を監視する「工場監督官」を設置するものでした。マルクスは、「工場法」をたたかいとったイギリスの労働者を「すばらしい闘士」だとして高く評価しました。

　マルクスは、労働市場での労働力商品の「自由な」売買をふり返りながら、次のように述べています。「市場では、労働者は、『労働力』商品の所有者として、他の商品所有者と向き合ったのであり、商品所有者が商品所有者と向き合ったのである。労働者が自分の労働力を資本家に売るときに結んだ契約は、彼が自分自身を自由に処分するものであることを、はっきりと証明した」（②524～5）。しかしその取引が終わった後になって、労働者は「なんら自由な行為者でなかった」とわかります。

　労働力商品の売買における、自由・平等・所有・共同利益の「天賦の人権の真の楽園」は、労働力商品の売り手である労働者にとっては、不自由・不平等・非所有・不利益であり、労働苦と奴隷状態、そして健康と生命が奪われる「地獄」に変わったのです。

　そこで、労働者たちは労働時間を制限するために、「工場法」を獲得しました。このことをマルクスは次のように言います。「労働者たちは結集して、階級として一つの国法〔工場法〕を、資本との自由意志契約によって自分たちとその同族とを売って死と奴隷状態におとしいれることを彼らみずから阻止する超強力な社会的防御手段を、獲得しなければ

ならない。"譲ることのできない人権"のはでな目録に代わって、つつましいマグナ・カルタが登場する。(中略)"なんと大きく変わったことか!"」(②525)。

ここで、「譲ることのできない人権」のはでな目録とは、「天賦の人権」をうたった近代の人権宣言をさします。しかし、これらの人権宣言は、資本家の権利は実現しても、労働者の権利を守ってくれません。それに代わって登場したのが「工場法」です。マルクスは、工場法を「マグナ・カルタ」(大憲章)にたとえました。「マグナ・カルタ」とは、1215年にイギリスの貴族たちが王の専制的権力を制限した歴史的文書です。イギリスではこれが近代の「人権宣言」の源流となりました。マルクスは、工場法を「マグナ・カルタ」にたとえることによって、それが労働者の新しい人権の確立の出発点となることを述べているのです。マルクスは先の文章の最後にローマの詩人の言葉を引用して、"現実は変えられる"と言っているのです。

さらにマルクスは、工場監督官の次の言葉を引用しています。「工場法は、労働者たちを自分自身の時間の主人にすることによって、彼らがいつかは政治的な力をもつにいたることを可能にする精神的エネルギーを彼らに与えた」(②526)。労働者が労働時間の制限によって自由時間を得て、「自分自身の時間の主人」になることは、そこから「精神的エネルギー」を得て、いつかは「政治的な力」をもつようになるというのです。これが、工場法獲得の運動とともに展開された、チャーティスト運動(普通選挙権の要求運動)をまのあたりに見た工場監督官の言葉です。

その後、世界の労働者は、法律によって労働時間を8時間まで制限させ、団結権・団体交渉権・ストライキ権を勝ち取り、すべての子どもの教育権を実現しました。さらに、労働災害にたいする保障、失業者の生活保障、病人への医療の保障、障害者や高齢者など働けない人の生活保障など、社会保障の権利を勝ち取ってきました。これらの労働権・教育

権・生存権は、国家が国民にたいして社会的に保障する権利ですから、「社会権」と呼ばれます。こうして、17〜18世紀の人権宣言でうたわれた「自由権」だけでなく、「社会権」を実現し、また「参政権」を男女の普通選挙権として実現することによってこそ、「個人の尊重」が可能になるのです。

　ドイツのワイマール憲法（1919年）は、「経済生活の秩序は、すべての者に人間たるに値する生活を保障する目的をもつ正義の原則に適合しなければならない」（151条）と述べて、国民の生存権を明確にしました。この思想が、戦後日本での日本国憲法制定のための国会審議でも主張されて、憲法第25条で「すべて国民は、健康で文化的な最低限度の生活を営む権利を有する」と明示されました。

　マルクスの議論は、このような20世紀の人権思想の先駆けとなったのです。

6　資本主義社会の変革

　資本主義社会は、人間の権利の拡大と実質化によって改良することは可能であるとしても、資本が労働者を支配するしくみは変わりません。また経済恐慌の発生や、失業問題、不安定雇用、さらには資本による生産力が自然環境破壊もおこします。その点で、マルクスは、資本主義社会そのものを変革することが必要だと主張しました。そして、資本主義社会を変革する力は、資本主義社会のなかで生産をにない、経済をささえ、労働組合運動などによって社会的な力をもち、普通選挙権の獲得によって政治的な力ももつようになり、さらに学習や教育によって精神的にも成長している労働者階級にある、と主張しました。

　マルクスが労働者の運動として、とりわけ期待するのは労働組合運動です。彼は「労働組合　その過去、現在、未来」を論じました。まず「その過去」についてマルクスは次のように言います。

■第2話　個人の尊重とマルクス■

　「労働者のもつ唯一の社会的力は人数である。しかし人数の力は不団結によってくじかれる。労働者の不団結は労働者の間の避けられない競争によって生み出され、維持される」(『インタナショナル』57頁)。ここから生まれたのが労働組合です。
　「もともと、労働組合は、この競争をなくするか、少なくとも制限して、せめて単なる奴隷よりはましな状態に労働者を引き上げるような契約条件をたたかいとるための、労働者の自発的な試みから生まれた。だから、労働組合の直接の目的は、日常の要求を満たすことに、資本の絶え間ない侵害を防止するための手段に限られていた。一言でいえば賃金と労働時間の問題に限られていた」(同)。
　同時に、労働組合は労働者階級の組織化の中心となっています。ここからマルクスは、労働組合は、資本主義制度そのものを廃棄する運動をになう「組織された力」になりうると言います。そして労働組合は、「その現在」において、それが「その偉大な歴史的使命にいくらか目覚めつつあるように見える」(同58頁)と言います。それは「労働者階級の完全な解放」という使命です。
　ここから、マルクスは労働組合の「未来」について次のように言います。
　「いまや労働組合は、その当初の目的以外に、労働者階級の完全な解放という広大な目的のために、労働者階級の組織化の中心として意識的に行動することを学ばねばならない。労働組合は、この方向を目指すあらゆる社会運動と政治運動を支援しなければならない。労働組合は、全労働者階級の闘士、代表として自認し、行動するのであれば、その外部の人々をその隊列に引き入れなければならない。労働組合は、特に不利な状況のために無力化されている農業労働者のような、賃金の最も低い業種の労働者の利益を注意深く配慮しなければならない。労働組合の努力は、狭い利己的なものではけっしてなく、抑圧された幾百万の大衆の解放を目標とするものだということを、全世界に確信

させなければならない」(同58頁)

　ここでは、労働組合について大変重要なことが述べられています。労働組合は、資本主義社会の変革をめざすあらゆる運動と連帯し支援しなければなりません。また、当時の農業労働者のような、低賃金などの最も不利な状況におかれた労働者の利益のためにたたかうことです。そして労働組合は組合員の狭い利己的利益のための組織ではなく、抑圧された幾百万の大衆の解放を目標としなければならないということです。

　マルクスの思想は、社会全体が豊かになるのであれば「少数者」や「弱者」は犠牲になってもしかたがないという「功利主義」の思想とは、正反対のものです。弱い者を犠牲にしないためにも、正規雇用の労働者も不安定雇用の労働者も失業した労働者も、労働者の全体が団結してたたかって、すべての労働者の解放をめざすというのが、マルクスの思想です。

7　未来社会と個人の尊重

　では、マルクスは資本主義社会の変革によってどのような社会をめざすのでしょうか。資本主義社会では、資本家（とりわけ大資本家）が、土地・工場・機械・原材料などの生産手段を私的に所有することによって、多くの労働者を支配して、利益を独占しています。つまり、生産は労働者の共同によって社会的に行われているにもかかわらず、その成果は大資本家に独占されています。ですから、生産手段を社会の共同の所有にすることによって、労働者が共同で生産し、共同で分配するしくみをつくることができます。これが社会主義・共産主義の経済制度です。しかし、それは、経済制度にすぎません。

　生産手段の社会的所有という経済制度をもとにしてできる社会について、マルクスは次のように言います。

　「階級および階級対立をもつ古いブルジョア社会の代わりに、各人

の自由な発達が万人の自由な発達の条件である協同社会（アソシエーション）が現れる」（『共産党宣言』86頁）。

このように、マルクスの主張する未来社会は、一人ひとりの自由な発達がすべての人の自由な発達の条件となる社会です。ここには、個人の尊重こそが社会全体の発展をつくるという思想があります。

またマルクスは、未来社会について、「個人のだれもが十分に自由に発達することを、根本原理とする、より高度な社会形態」（『資本論』④1016）であると言います。個人の自由な発達こそが、社会の「根本原理」になるのです。

マルクスはこのような未来社会への展望をもって、人類史を大きくとらえます。古代・中世の社会は、個人の自立や個人の尊重はありませんでした。個人は自分が生まれた共同体のおきてに従って人生を送るしかありませんでした。しかも働く人間は、奴隷や農奴として支配者に従属させられました。近代の資本主義社会になって、商品経済を基礎として個人の自立や個人の尊重が主張されます。こうして人権思想と近代国家が登場しました。しかし、その個人は、商品（労働力商品を含めて）や貨幣や資本というモノを所有するからこそ権利をもつにすぎません。つまり、個人は、商品・貨幣・資本というモノに依存し、従属しているのです。これに対して、未来社会では、諸個人の社会的な力で経済活動を制御して、民主主義制度や精神的・身体的活動を発展させて、「自由な個性」を発展させることができると、マルクスは考えました。

このように、マルクスは、労働者が資本主義社会のなかから「個人の尊重」を実現する運動を展開することによって、「個人の尊重」を文字通りに根本原理とする未来社会を切り開くと考えたのです。

〈注〉
（1）「個人の尊重」を中心とした日本国憲法の思想については、牧野広義「人間が個人として尊重される社会を──日本国憲法をどう活かすか」木村孝編著『21世紀をつくる君たちへ』学習の友社、2018年、所収、を参照して下さい。

第Ⅰ部

第3話

未来を先取りする労働組合

赤堀正成

はじめに

　編者からは当初、これからマルクスを読もうとする人たちに向けて、今日の労働運動についてマルクスの視点から書くように、ということでした。しかし、それはいささか荷が勝ちすぎます。そこで、マルクスの書いた二、三の文章を手掛かりに、マルクスが——それも新たな活動の場を求めてパリに暮らしていた若かりし頃に——掴（つか）んだだろう労働組合、労働者集団の可能性について思いを巡らすことで責を果たしたいと思います。

　早々に断っておかなければなりませんが、私は、これまで労働問題や労働運動について勉強してきたもののマルクスを専門に勉強してきたわけではありません。

　それでも、マルクスを長年にわたって読み込んで、学識は言うまでもなく人柄にもそのことがあらわれているような師や友人たちに私は出会

■第3話　未来を先取りする労働組合■

ってきました。マルクスを読んで人柄まで変わるのか、と思われるかもしれませんが、変わる、と私は思います。では、どう変わるのか。話がいきなり本題から逸れてしまいますので、ここでは、マルクスに本当に親炙(しんしゃ)した人はよく笑う、とだけ言っておきます。

　さて、そういう人たちから刺戟を受け、思い立ってねじり鉢巻き方式でマルクスを読んだひと夏、ひと冬、或は、あの春休み、といった経験は私にも人並みにあります。が、むろん常にそうした日々ばかりを過ごしてきたわけではありません。

　むしろ、年を経るにつれて、自分の当面している課題に取り組んでいるときに、マルクスのあの記述、この記述がふと思い出されて、「さて、あれはどういうことだったか。マルクスは正確には何と書いていたか」、「マルクスがあのように書いていたのはどのような文脈だったっけ」と気になったとき、すなわち自分の都合次第で我がまま勝手に相談するという具合に読むことが多くなりました。

　したがって、汗牛充棟(たんぎゅうじゅうとう)をなすマルクス研究を踏まえてマルクスを「厳密に読み」、「正しく解釈」している、という自負や自信はありません。そのことに居直るのではないのですが、万年初心者の言い分としては、ひょっとしてマルクスの意図を離れた読み方をしていたとしても、マルクスを読んで得られた思考の種子、生まれたアイディアは大切なものです。

　誰彼の発した言葉、記した言葉を時に当人の意図とは異なる仕方で理解しても、自分に役立てるということは誰もが日常的にしていることでしょう。マルクスの書いたものに限らず古典的な書物は一般に、専門家の指南を頼りにしつつも、市井の非専門家が自由に営々と読み継いできたからこそ、古典となったはず。そのような古典に接して、自分が知らぬ間に身に着けてきた感性や思考を疑わせられたり、ひっくり返されたりする読書の本来的な楽しみは、つまるところ、緊張しつつも著者と1対1で、つまり、2人きりで向き合う時間の中にこそあると思います。

そして、私自身がマルクスについて万年初学者なわけですが、それでも本稿の筆をとったのは、初学者同士の学習の経験交流も、専門家の論文や講演、学習に向けたアドヴァイスに劣らず、存外に役に立つこともあった、という自分の経験が思い起こされたからです。

以下では、私が学生の頃に出会った印象的な友人のマルクスとの付き合い方を紹介し、その後で、マルクスが初期に摑んだ労働組合の可能性、潜勢力(せんせいりょく)について考えてみたいと思います。

1 マルクスとの出会い
——友人Tのマルクスの読み方

さて私の経験を紹介します。こんなのもありなんだと思っていただければ（あり、と思っているのは当面私だけなのですが）、マルクスへの敷居がずいぶん低くなるのではないかと思うからです。

学生の頃のことにさかのぼります。夏休み明けに久しぶりに会った友人のTが唐突に有無を言わせぬ調子で「ね、ここ読んで」と言ってマルクスの『経済学・哲学手稿』のあるページを開いて私に突き出しました。『経済学・哲学手稿』は1844年、26歳になるマルクスがパリで書いた自身のための勉強ノートのようなものですから、読め、と言われたところで、何の心の準備もなく、では読みましょう、とその場で読む気になれる本ではありません。しかも、私はそのとき初めて『経済学・哲学手稿』という書物があることを知ったのです。

しかし、読まねばその場が収まりそうもない相手の真剣な様子に気圧されて、文字を追うことにしました。そのとき読まされたのはつぎの一節です。

　　人間を人間として、また世界にたいする人間の関係を人間的な関係として前提したまえ、そうすれば君は愛をただ愛とだけ、信頼をただ信頼とだけ、等々というように交換することができる。もし君が芸術

を享楽したいと思うなら、君は芸術的教養のある人間であらねばならない。もし君が他の人間たちのうえに影響を及ぼそうと思うなら、君は他の人間たちのうえに本当に刺激的促進的に働きかけるような人間であらねばならない。君の、人間にたいする――そして自然にたいする――関係は、いずれも、君の現実的な個性的な生のある特定な、君の意志の対象に照応するような表出であらねばならない。もし君が愛して、しかも返しの愛をよびおこさないとすれば、すなわち、もし君の愛することが愛することとして返しの愛を生み出さないとすれば、もし君が、愛しつつある人間としての君の生の表出によって君自身を、愛されたる人間にするのでないとすれば、君の愛は無力であり、一つの不幸である。(藤野渉訳『経済学・哲学手稿』国民文庫版、203－4頁。強調点は原文)

　…あらねばならない、…あらねばならない、と大事そうなことが畳みかけるように書かれているけれども、もちろん急かす相手を目の前にして読んでいてはなかなか頭に入ってきません。私が「なんか、よくわかんないけれど、すごい迫力だね」という程度の反応をすると、Tは、ちゃんと読んだのか、と不満げな様子です。

　実は、Tは失恋したばかりで、Tの心には引用の最後の長い一文「……すなわち、もし君の愛することが愛することとして返しの愛を生み出さないとすれば、もし君が、愛しつつある人間としての君の生の表出によって君自身を、愛されたる人間にするのでないとすれば、君の愛は無力であり、一つの不幸である」がさながら我が事のように響いていたのでした。「ぼくはいま、まさにマルクスのいう意味で不幸なんだ、君の愛は無力であり、一つの不幸である、というのは、実は、そのままぼくのことなんだよね」と憔悴した様子で訴えたのでした。

　しかし、Tはそこからユニークな読解力を発揮して、「でも、これを書いたマルクスも失恋を経験したってことだよね、でなければ書ける文

章じゃないよね。つまり、マルクスも失恋を克服してマルクスになったということなんだよね」と自分に言い聞かせるようにつぶやきました。

　『経済学・哲学手稿』を頼りに失恋の痛手から回復しようともがいているＴのユニークなマルクスの読み方に、正直に言えば、その時の私は違和感を覚えました。普通に常識的で真面目な学生だった私は、マルクスの本をそんな風に『若きウェルテルの悩み』のように読んでいいのか？と思ったのです。しかし、いまＴはともかく自分のつらい経験を前向きに克服しようとしているのですから、その時は私の疑問は敢えて口にはしませんでした。

　ところが、それからしばらくすると、Ｔはやってくるなり今度は憤慨してこう言いました、「マルクスのやつ（！）、失恋なんかしてないじゃん。まちで評判の美人とさっさと結婚してんじゃん、あー、あいつ（？！）にだまされた」……そこから先のＴのマルクスに対する言いがかり的な罵詈雑言はよく憶えていません。Ｔはマルクスがどのように失恋を克服したのかを知りたいがためだけにマルクスの伝記を読んだのだと思います。

　それでも、1818年5月5日、今日日本風に言うなら子どもの日にドイツ（プロイセン）のトリールというところに生まれて1883年にロンドンで世を去った、一面識もないカール・マルクスを「マルクスのやつ」とか「あいつ」と呼ぶほど身近に感じて読むＴのマルクスの読み方を私はどこかで羨ましいとも思いました。私はＴに勧められて『共産党宣言』を読んで「高校で使っていた世界史の教科書よりもずっとわかりやすいし面白い」というくらいの感想を抱いていましたが、それでもその時の私にとってのマルクスは、モノクロ写真の中の、いかついひげ面の男のままでしたから。

　せっかく登場してもらったのでもう少しＴの話を続けます。Ｔは大学に入る前にいわゆる「浪人」をしていたのですが、予備校には通わずに労働学校に通って高田求先生の哲学の講義に出ていたということでした

■第3話　未来を先取りする労働組合■

から、風変わりでなければ早熟、或はその両方だったのでしょう。私はTとともに学生同士でマルクスの書いたテキストの学習会をやりました。Tはそこでも個性的でした。

　面白い学習会にするためには参加者がテキストを読んでくることは前提です。しかし、読むといっても——実は、本当に勇気の要ることですが——自分の眼で読んで参加しなければ、学習会は答え合わせのような無味乾燥なものになってしまいます。

　というのは、マルクスの書いた代表的なテキストには入門書が少なからずあります。ちゃんとした入門書には「本書を読んで原典を読んだつもりになってはならない」という断り書きが必ずありますが、書き手のそうした注意事項は読み手にいつも忠実に守られるわけではありません。

　私が参加した学習会にも、マルクス自身の書いたテキストは走り読み、或は、飛ばし読みし、入門書を受験参考書のように暗記して学習会に臨むという、努力に関しては「経済的」な参加者がいなかったわけではないのです（もちろん私だっていつもいつもテキストを事前にしっかり読めていたわけではありませんでしたが…）。が、そういう「経済的」な参加者が気負って先生役のように議論をリードしてしまうと学習会は面白さのかけらもなくなってしまいます。

　取り組む意識にしても、取り組む形にしても、そして何より勉強の目的からしても、受験産業的な「勉強」の具体的な批判としてあるはずであり、またそうあるべき自主的集団的共同的な勉強会が受験産業的な「勉強」と大差なくなります。

　しかし、Tはそうした学習会で自分の意見や疑問を述べる際にも、それが彼一流のユニークな着眼点と自分の眼でテキストを読んできた経験とに支えられていることが明らかでした。教育学を専攻してソ連の教育学者ヴィゴツキーに傾倒していたTの関心は人間（子ども）の発達、成長という視点でした。

　たとえば、「フォイエルバッハにかんするテーゼ」の第３。「環境の変

化と教育とに関する唯物論的な学説が忘れているのは、環境は人間によって変えられなければならないし、教育者自身が教育されなければならない、ということである」、「環境の変更と人間的な活動または自己変化との合致は、ただ革命的な実践としてだけとらえることができ、合理的に理解することができる」（服部文男監訳『ドイツ・イデオロギー』新日本出版社、110 − 1頁）。

　同じく「フォイエルバッハにかんするテーゼ」第6。「人間的な本質は個々の個人に内在する抽象物ではない。それは、その現実においては、社会的な諸関係の総和（アンサンブル）である」（同上、112頁）。

　また、『ドイツ・イデオロギー』の中の「革命が必要なのは、支配階級が他のどんなやり方でも打倒されえないからだけではなくて、打倒する階級が、革命のなかでだけ、すべての古い汚れをとりさり、そして社会をあらたにきずく能力をもつようになるところまで、達しうるからである」（同上、50頁）。

　これらについてＴが一所懸命に若い思考を巡らせていたことを思い出します。

　光陰矢の如し。それから四半世紀を経て、いま現在のＴは障害児教育の第一線で子どもたちと、先に引用したマルクスのいう「人間を人間として、また世界にたいする人間の関係を人間的な関係として前提」する、つまり、「愛をただ愛とだけ、信頼をただ信頼とだけ、等々というように交換すること」の具体化を追い求めて、ひたむきな実践に従事しています。

2　マルクスを自分の眼で読んで自由闊達に議論する

　Ｔの思い出に触れながら、すでに用意されている「正解」に向けてテキストを読む、それもマルクスをそのように読むことに文句を言いました。では具体的にはどうすればよいか。自分の眼でマルクスを読むこと

■第3話　未来を先取りする労働組合■

の面白さを伝える本が内田樹(たつる)・石川康宏『若者よ、マルクスを読もう』（かもがわ出版、角川ソフィア文庫）、同『若者よ、マルクスを読もうⅡ』（かもがわ出版）です（最近、『若者よ、マルクスを読もうⅢ』が出ました）。

　この本は２人の著者がマルクスの主要な著作についてそれぞれの読みをぶつけ合う往復書簡の形式で書かれています。読みをぶつけ合う、といっても、一方が他方を「お前の読みはカクカクシカジカにより誤りである」という調子とはかけ離れたもので、マルクスを自由闊達(かったつ)に楽しく読んで議論する、ということについて２人のプロが実地に見本を示してくれる格好になっています。

　たとえば、『若者よ、マルクスを読もう』の中で石川氏が『経済学・哲学手稿』について論じた章では、さりげなく刺戟的なことが——初学者のわたしにとっては、ですが——つぎのように書かれています、「この時期のマルクスとエンゲルスの価値論は、リカードウの労働価値論を効用を軽視した一面的な価値論だとして否定するものとなっています。マルクスが、はじめてリカードウの労働価値説を肯定する立場を表明するのは、『哲学の貧困』（1847年）の中でのことでした」（同書、114頁）。私はこの記述に驚きました。

　マルクス経済学のテキストでは、スミス—リカードウの労働価値説を批判的に継承し完成させたマルクスが論じられ、労働価値説は（1870年代「限界効用理論」の）効用価値説と対比されて説明されています。ところが、当のマルクスがはじめのうちはリカードウの労働価値説に対しては「効用を軽視した一面的な価値論」だとして批判的だったとは！

　私はどこかで、マルクスは常にマルクスであったので、マルクスはスミス、リカードウの労働価値説の弱点をたちどころに見破って、後はそのことを叙述することに幾らかの苦労をしたくらいだろうと、よくよく考えれば、あり得ないことを考えていたようです。

　実は、私は先にふれた学生時代にも労働価値説をなかなか理解できずにいました。「労働力」という概念をマルクスが獲得してからの知見に

基づいて晩年のエンゲルスが手を入れた『賃労働と資本』を読んでいるときには説得されます（マルクスが「労働力」等々の概念を獲得していく過程について、『資本論第一部草稿　直接的生産過程の諸結果』光文社文庫所収の森田成也「解説　中期マルクスから後期マルクスへ」参照）。しかし、読後にはどこかではぐらかされたような気持が残りました。後に自分の初歩的な疑問＝関心は、「価値の生産価格への転化」という『資本論』第3巻で扱われる論題につながってゆくものであったことを知りました。第1巻で右往左往していては、自分の疑問を言葉に置き換えることなど到底かなわぬことなのでした。

　しかし、マルクス自身が数年の格闘を経てリカードウへの評価を逆転させていったわけです。そして、それは20歳代半ばのマルクス自身の必死の自己否定＝成長の過程でもあったはず。その後さらに10年、20年、それ以上にわたってマルクスの経済学研究は続きました。その成果に基づいたテキストを読んだところで、一読（二読、或は三読）してたちどころに書かれてあることを自明の事柄として理解する力を私は持ち合わせていませんでした。そのことを不甲斐なく恨みにも思っていたのですが、石川氏の書かれたものを読んでそれも当然だったかと（都合よく）思い直すことにしたのです。

　石川氏は先の引用に続けて「マルクスは、この段階にいたってはじめて、価値法則──資本と労働の等価交換──のもとで、いかに搾取が可能になるかという、後の剰余価値論の課題を定めることができるようになっていきます」と書かれています。言うまでもなく、私が価値法則、剰余価値論の射程に気付くようになるのも後年のことでした。

　最近でも、搾取とは賃金が価値以下に切り下げられることである、という理解に接することがあります。そうするとマルクスの労働価値説の輪郭がぼやけてきます。私は、やがて賃金論を学びながらマルクス経済学を自分なりに細々と学び直すことになったのですが、賃金が価値以下に切り下げられることを前提とする搾取理解に対して早くから批判を提

出していた、下山房雄氏の『搾取と賃金のはなし』(学習の友社)、「現代資本主義と剰余価値論」(服部文男、松石勝彦・他『現代資本主義と『資本論』』新日本出版社所収)等にずいぶん助けられました。

3 未来を先取りする労働組合

　ここからは、マルクスが摑んだ労働組合の原型とでもいうべきものについてみてゆきたいと思います。

　先に挙げた『若者よ、マルクスを読もう』シリーズで石川氏の共著者である内田樹氏の別のエッセイを読んでいるときに、つぎの一節にぶつかりました。

　　今自分がいる場所そのものが「来るべき未来社会の先駆形態でなければならない」というのはマルクスボーイであったときに私に刷り込まれた信念である。／ 革命をめざす党派はその組織自体がやがて実現されるべき未来社会の先駆形態でなければならない。(内田樹「まず隗(かい)より始めよ」。『邪悪なものの鎮め方』文春文庫、所収)

　この一文、「今自分がいる場所そのものが『来るべき未来社会の先駆形態でなければならない』」という一節に接したとき、たしかマルクスが同じことをどこかで書いていたはずだ、と私はどうしてかドキドキしながら記憶の引出しをつぎからつぎへと開けてゆきました。そして、ああ、これだったか、と思い出したのがつぎの文章です。

　　共産主義的な手工業者たちが団結するとき、彼らにはまず第1に教説、宣伝、等々が目的と見なされる。だが同時に彼らはこの団結によって1つの新しい要求、仲間であることの要求を我がものとするのであって、手段であると見えるものが目的となっている。(藤野渉訳

『経済学・哲学手稿』国民文庫、177頁）

　はじめ、労働者にとって団結は手段だったけれども、その手段であったはずの団結が現実に団結することで目的に変わる。この、団結は手段から目的に変わる、という主張は、マルクスにとって、机に嚙り付いて「類的存在」云々をめぐって熟考して到達した結論というよりも、むしろパリの労働者を実地に観察して得た確信だったように思われます。マルクスはすぐに続けてつぎのように記しているからです。

　こういう実践的運動をその最もすばらしい諸成果において観察するには、フランスの社会主義的な労働者たちが集会しているのを見ればよい。煙草をすい、酒をのみ、飯を食う等々は、もはや結合の手段すなわち人と人とを結びつける手段としてあるのではない。仲間であること、1つに結ばれていること、楽しい談話（これもまた仲間であることを目的としている）が、彼らにとっては十分なのであり、人間が兄弟どうしであるということは彼らには空文句ではなく真理であって、労働によって堅くなった彼らのすがたから人間性の高貴さがわれわれにむかって光をはなつ。（同上）

　引用のおしまい部分は少々性急でロマンチックに過ぎるように映るかもしれません。しかし、そうだとしても、それは、当時哲学青年を脱皮しようと必死の知的格闘を敢行していた26歳のマルクスがパリではじめて労働者の集会に立ち会って心を大きく動かされた、その感動の振幅の大きさが余韻として表現されたものと受け止められるでしょう。
　実際、マルクスはこのことを誰かに話したくてたまらなかったのだと思います。当時「フォイエルバッハ主義者」（エンゲルス『フォイエルバッハ論』を参照）でもあったマルクスは14歳年上のフォイエルバッハに向けて、1844年8月11日につぎのような手紙をしたためています。

■第3話　未来を先取りする労働組合■

　注目すべき現象は、18世紀とは逆に信仰心が中流階級や比較的上流の階級に、信心嫌いが——といっても自分を人間として感じ取る人間の信心嫌いですが——フランスのプロレタリアートにはいりこんだということです。これらの働き疲れた人々のあいだに呼びおこされている処女のような新鮮さや品格が信じられるようになるためには、あなたもフランスの労働者の会合の1つに出席してみなければならないでしょう。…中略…／しかしいずれにしても歴史はわが文明社会のこれら「野蛮人」（＝プロレタリアート：引用者補）のあいだに人間解放のための実践的要求を準備しています。（良知力訳、『マルクス・エンゲルス全集』第27巻所収）

　執筆時期に注目すると、『経済学・哲学手稿』は「1844年3、4月から8月にかけて」書かれたものですから（細谷昂、畑孝一・他『マルクス経済学・哲学草稿』有斐閣、53頁）、まさに『経済学・哲学手稿』を書き終える頃にマルクスはフォイエルバッハに向けて上のように書いたのです。

　フォイエルバッハは1841年に『キリスト教の本質』という著作を著して、当時マルクスやエンゲルスに大きな影響をあたえていました。引用した手紙にも「当地のドイツ人手工業者、つまりその共産主義的部分の数百人がこの夏中週2回あなたの『キリスト教の本質』についての講義を彼らの秘密の領袖から聞きましたが、おそろしく感動を示しました」とフォイエルバッハを励ます記述が見られます。

　この頃のマルクスとエンゲルスの様子を一瞥しておきましょう。マルクスが『経済学・哲学手稿』を書き、フォイエルバッハに手紙を送って間もない8月末、エンゲルスがパリにいるマルクスを訪れます（そこで『聖家族』の共同執筆に意気投合したのが『経済学・哲学手稿』中断の理由でしょうか）。エンゲルスはこのときのことを40年余り後、1885年につ

ぎのように回顧しています。「私が、1844年の夏にマルクスをパリに訪ねたとき、理論上のあらゆる分野でわれわれの意見が完全に一致していることが明らかになった。そして、そのときからわれわれの共同活動が始まるのである」(内田樹・石川康宏『若者よ、マルクスを読もう』角川ソフィア文庫、125～6頁)。

　こうして早速現れた最初の「共同活動」の成果が1845年2月に出版された共著『聖家族』です(序文の末尾には「パリ　1844年9月」と記されています)。この3か月後、エンゲルスは5月に『イギリスにおける労働者階級の状態』を出版し、11月になると2人はいよいよフォイエルバッハをも批判して唯物論的歴史観を確立する『ドイツ・イデオロギー』の共同執筆を開始します。こうして2人はもはや「フォイエルバッハ主義者」ではなく、自分自身へと急速に変貌を遂げてゆくことになります。エンゲルスが晩年に「われわれの疾風怒濤時代」(『フォイエルバッハ論』)と回顧する所以でしょう。

　さて、この「疾風怒濤時代」のある日、百聞は一見に如かずとばかりに「あなたもフランスの労働者の会合の1つに出席してみなければならないでしょう」と『経済学・哲学手稿』に書きつけた言葉をそのままなぞるようにくり返してドイツの田舎に暮らしていたフォイエルバッハにわざわざパリまで出てくるように促すほどに感銘を受けた労働者集会にマルクスが居合わせて、「仲間であることの要求を我がもの」とした労働者たちにじかに接したことの意味は大きかっただろうと思います。

　その経験は、マルクスがすでに自家薬籠中の物としていたヘーゲル―フォイエルバッハをくぐった哲学的教養と相まって、それに劣らぬほど、変革主体としてのプロレタリアートという確信を裏付けるのに大きな役割を果たしたのではないかと思います。

　労働者集会の描写の直前の段落は原稿の散逸のために不分明な箇所もあるのですが、「〔疎外の止揚が〕成就されうる〔とすれば〕、それはしたがってただ実行に移された共産主義によってのみ成就されるものだ。

■第3話　未来を先取りする労働組合■

私的所有の思想を止揚するためなら、考えられた共産主義でじゅうぶん足りる。現実的な私的所有を廃止するためには、現実的な共産主義的行動が必要である」（強調点は原文。176頁）云々と記されています。

集会に居合わせた労働者たちがこの「現実的な共産主義的行動」の担い手だとは明記されていませんが、そのような想定がまるでないのなら、疎外の克服、私的所有の廃止を実践的な課題として論じた段落の直後にあの労働者集会を描写することもなかったでしょう。

同じ主旨で、先に引用した手紙にある「歴史はわが文明社会のこれら『野蛮人』（＝プロレタリアート：引用者補）のあいだに人間解放のための実践的要求を準備しています」という記述の「実践的要求」を「仲間であることの要求」と重ねて読んでもよいように思います。

『経済学・哲学手稿』に取り掛かる直前に『独仏年誌』に掲載された「ヘーゲル法哲学批判序論」には有名な"プロレタリアートの発見"の記述があります。が、プロレタリアートの「仲間であることの要求」を経験的に確証した、数か月後の『経済学・哲学手稿』の時点から振り返れば、それは所々にキャンバスの白地を残しながらも分厚く塗られた油絵のように思弁的に捉えられた傾きが強いように思われてきます。

『経済学・哲学手稿』では、フォイエルバッハに学んだ疎外概念を武器に、また同時に、『独仏年誌』に掲載されたエンゲルス「国民経済学批判大綱」に刺戟された経済学の猛勉強の成果に立って、マルクスは縦横に論じつつ、いわば"リンゴが木から落ちるように当然のこと"と見えていた、それまで切り口を見つけられなかった事象に様々な疎外を剔抉することができるようになります。そして、それと同時に疎外克服の担い手としてのプロレタリアートを今度は思弁によらずに経験的に"再発見"したと言えるかも知れません。

なるほど、この時点でのマルクスの思考は後年のマルクスに比べるとどうしても物足りなくなります。「労働力商品」、「剰余価値」、「資本主義的蓄積」等々の厳密な概念装置は当然もたずに──したがって、歴史

53

的社会的な運動体としての資本主義を生成から消滅まで具体的かつトータルに把握する術を求め、そのためにもがきながら——疎外論ばかりを振り回しているようです。

しかし、ここでマルクスが思弁としてではなく経験的な裏付けをもって提示した、人間が人間を手段とすることへの批判と人間が協同することへの確信とは後のマルクスの生涯を貫く、いわば主題として示されていて、後の著作の中ではこの主題が途方もなく壮大な変奏曲として展開される、と見ることもできるでしょう。

マルクスを読んでいて「マルクスは何でこんな面倒くさい議論をしているのか」と森の中で迷っているような気分になるときに私が振出しに戻って手掛かりにするのは、この労働者集会に立ち会っているマルクスです。

なお、「仲間であることの要求」の原語は Bedürfniß der Gesellschaft です。Gesellschaft は多様な意味をもつ言葉で、そのため日本語訳も多様です。参考までに、参照できたものを挙げると「団体を必要とする」（『マルクス・エンゲルス全集』第40巻）、「社会的結合の要求」（岩波文庫版）、「社会的結合への要求」（筑摩書房版）、「社会の欲求」（光文社文庫版）という具合です。

さて、「今自分がいる場所そのものが『来るべき未来社会の先駆形態でなければならない』」という言葉に触発されて、思い出されたのが上の労働者の集会を描写したマルクスの文章でした。紹介したように、内田氏は「革命をめざす党派はその組織自体がやがて実現されるべき未来社会の先駆形態でなければならない」とも述べていますが、私はこれを、その名に値する労働組合はやがて実現されるべき未来の労働者集団の在り方を先駆的に実現したものでなければならない、と読み替えてみたのです。

マルクスが描いた労働者集会の、労働者集団の原風景ともいうべき不思議と懐かしい光景が未来を先取りした労働組合と思われます。そうし

■第3話　未来を先取りする労働組合■

た仲間 Gesellschaft が紡ぐ関係が周囲の社会 Gesellschaft に徐々に浸透し社会を組み直し組み替えながら拡大してゆくことの先に、より民衆的で協同的な未来の社会が築かれるのではないでしょうか。

　ところで、「仲間であることの要求」を生み出し、生み出しただけでなく、実現した労働者集団が、マルクスが観察した19世紀前半のパリの労働者たちだけだったはずはありません。同様の風景は20世紀後半、戦後の日本にも広範に観察されたでしょう。戦後日本の労働運動は、定年までの終身雇用ばかりでなく、人事考課を強く規制した、つまり労働者間の競争を強く規制する生活給を範とした年齢別賃金体系、すなわち電産型賃金体系（1946年の「10月1日号」で日本電気産業労働組合協議会が勝ちとった賃金体系）を資本に強制するほどの力量と成果を発揮しました。

　そうした実践の成果を誇る労働者集団、労働組合が内包していた人間関係が仲間を手段と捉える段階に甘んじていたはずはありません。それは、当時、企業からの妨害、抑圧によく抗して、うたごえ、演劇、読書会など、労働者、労働組合による様々なサークル運動などを背景として実現されたものでした。

　内田氏は同じエッセイでつぎのようにも論じていて、変革主体、すなわち「『未来社会』の担い手」のイメージを豊富にするのにとても示唆的です。

　　自分が今いる場所が「ろくでもない場所」であり、まわりにいるのは「ろくでもない人間」ばかりなので、「そうではない社会」を創造したいと望む人がいるかもしれない。／　残念ならその望みは原理的に実現不可能である。／　人間は自分の手で、その「先駆形態」あるいは「ミニュチュア」あるいは「幼体」をつくることができたものしかフルケースで再現することができないからである。／　どれほど『ろくでもない世界』に住まいしようとも、その人の周囲だけは、それがわずかな空間、わずかな人びとによって構成されているローカル

な場であっても、そこだけは例外的に「気分のいい世界」であるような場を立ち上げることのできる人間だけが「未来社会」の担い手になりうる。

　この「ろくでもない世界」の中で、労働組合とは本来的に「例外的に『気分のいい世界』」であったはずだし、あるべきだと思います。マルクスが経験したようにそこだけは未来を先取りした人間関係が実現される場として。
　今日、成果主義賃金の名の下に同僚との競争に駆り立てられることを容認するだけではなく、時には歓迎すらして、結果として同僚の「リストラ」も過労からくる悲劇をも黙過する労働者たちは、資本の傭兵となった著名人たちが資本のメディアで称揚するように、個人としては「強い」「自立した」労働者なのかもしれません。しかし、「仲間であることの要求」を剥奪されたことにも気づかない労働者個々人がそのままで未来の労働者集団の先駆形態を立ち上げることはないでしょう。
　すると、かれらからはこう反論されるでしょうか——よろしい、おっしゃるようにいつか協同的な社会がやってくるとすれば結構なことですが、それまでは「自己責任」を引き受けて弱肉強食の「ろくでもない世界」を孤独に生き抜かなければならないのですよ、と。しかし、人間とは、自分の置かれた環境を変革しながら自己をも変革するなかで、空虚な「自分探し」に明け暮れるのとは対照的に、自己の本質を他者とのアンサンブルとして豊かにしてゆける存在であり、協同的な社会に住まい運営する能力は協同的な社会を築く実践の過程においてのみ獲得することができる、というのが先に引用した——旧友のTが大切にしていた——「フォイエルバッハにかんするテーゼ」や『ドイツ・イデオロギー』におけるマルクスの洞察でした。

資本主義の分析と批判

第4話

マルクスの経済危機分析とわたしたち
―― 『資本論』を現代にどう生かすか

萩原伸次郎

はじめに

　2008年9月15日のリーマン・ショックという金融危機の勃発を皆さんは記憶しているでしょうか？　もう10年も前の経済危機[1]ですから、忘れてしまった方も多いかもしれません。けれども、この経済危機は、多くの国で政権交代を引き起こし、さらに世界経済の軸心が新興工業諸国へ徐々に変化する構造変動を促進する契機となりました。

　この危機を引き起こしたアメリカでは、オバマ政権が誕生し、従来の経済政策からの転換が試みられましたし、わが国日本においても、自由民主党から民主党への政権交代がありました。もちろん、その後の揺り戻しで、これらの政権交代がそのまま新しい政治経済システムの誕生となったわけではありませんが、資本主義社会における経済危機は、多くの人たちに、新しい社会を展望させるきっかけを与えたことは事実です。

　資本主義社会における経済危機を科学的にとらえようと奮闘努力し、

■第4話　マルクスの経済危機分析とわたしたち■

そうした危機から、新しい自由な社会の展望を導き出した天才的社会科学者が、カール・マルクスなのです。なぜマルクスは、資本主義社会における危機分析に情熱を注いだのか、その辺のところから検討を始めることにしましょう[2]。

1　マルクスは、なぜ経済研究を始めたのか

　19世紀初めの世界の経済は、イギリスが、産業革命を成し遂げ、資本主義経済を他国に先駆け進行させていました。ドイツはイギリスと比べると経済発展が遅れていました。プロシャ絶対主義の下、主権在民も認められず、農民は、封建的土地所有制のもとで搾取され、民主主義革命が、その当時のドイツの政治革命の大きな目標でした。そうしたなかで、1847年イギリスで起こった経済恐慌が、大陸ヨーロッパでの民主主義革命に火をつけたのです。それは、フランスにおける1848年2月革命であり、ドイツでは3月革命がおこりました。

　カール・マルクスは、1818年にドイツに生まれています。マルクスは、はじめ哲学と歴史を研究しましたが、社会を根底から理解するには、経済学の力が必要だという結論に導かれます。マルクスは、次のように言います。

　「わたくしをなやませた疑問を解決するために企てられた最初の仕事は、ヘーゲルの法哲学の批判的検討であった。……わたくしの研究が到達した結論は、法的諸関係および国家諸形態は、それ自身で理解されるものでもなければ、またいわゆる人間精神の一般的発展から理解されるものでもなく、むしろ物質的な生活諸関係、その諸関係の総体をヘーゲルは18世紀のイギリス人やフランス人の先例にならって「ブルジョア社会」という名のもとに総括しているが、そういう諸関係にねざしている、ということ、しかもブルジョア社会の解剖は、これを経済学にもとめなければならない、ということであった」（『経済

学批判』「序言」13ページ)。

マルクスは、人間は、その生活の社会的生産において、一定の、必然的な、かれらの意志から独立した諸関係を、つまり彼らの物質的生産諸力の一定の発展段階に対応する生産諸関係を、取り結ぶとします。そして、「社会の物質的生産諸力は、その発展がある段階にたっすると、いままでそれがそのなかで動いてきた既存の生産諸関係、あるいはその法的表現にすぎない所有関係と矛盾するようになる。これらの諸関係は、生産諸力の発展諸形態からその桎梏へと一変する。このとき社会革命の時期がはじまるのである」(同上14ページ) と述べています。

当時のマルクスと彼の盟友エンゲルスは、「商業恐慌と革命の同時の到来も、ますます不可避になるであろう」と固く信じていました[3]。彼らは、1850年5月から10月にかけての評論で次のように言っています。「恐慌の時期が大陸ではイギリスより遅れて始まるように、好況の時期も遅れて始まる。イギリスではいつも本源的な過程が起こる。イギリスは、ブルジョア的宇宙の創造主である。ブルジョア社会がたえず新たに経過する循環の種々な局面は、大陸では第二次的、第三次的な形態で現われる。……だから、恐慌がまず最初に大陸に革命を引き起こすとしてもそれらの革命の根源はやはり、いつもイギリスにある。……新しい革命は新しい恐慌につづいてのみ起こりうる。しかし、革命はまた、恐慌が確実であるように確実である[4]」。

マルクスが、イギリスに亡命し、大英博物館に足しげく通って、本格的に経済学の研究を始めたのは、1850年秋のことでした。来るべき経済恐慌が、革命に深く関連するというマルクスの信念は、彼をして猛烈に経済学の研究に導いたといってもいいでしょう。亡命してすぐの時代、エンゲルスもまだ若く、マルクスを経済的に支えるには困難がありましたから、マルクスのこの時期の生活は、まさに、爪に火を点す貧乏のどん底にあったといわれます。しかし、マルクスはそうした生活の中から、1850年9月から翌53年の6月までに24冊にのぼる抜粋ノートを作成しま

す。

　1856年の秋、国際金融市場に恐慌現象が始まります。マルクスは、これをきっかけに経済学の研究を再開し、1857年夏ごろから経済学研究の総括の仕事に着手します。資本主義史上、最初の本格的な世界市場恐慌が彼を励まし、研究に駆り立てたと言ってよいでしょう(5)。

　1857年10月から翌58年3月までの約半年の間、マルクスはノート7冊にのぼる膨大な手稿を書き上げます。これがのちに『経済学批判要綱』として出版されますが、『資本論』第1草稿とも呼ばれるものでした。

　経済恐慌が革命を引き起こすというマルクスの仮説は、実証されませんでしたが、マルクスは、さらに研究を重ね、1861年8月から63年7月にかけて、23冊にのぼる草稿を書き上げました。タイトルは、「経済学批判」で、それは、内容的には、『剰余価値学説史』を含む、後に『資本論』第2草稿と呼ばれるものでした。そして、マルクスは、資本についての研究を深く追求するその過程で、出版計画を変更します。後に、今日の『資本論』の構成をなす、第3草稿を1863年夏から65年末までに書き上げ、第1巻を1867年9月10日に出版するのでした。

　出版計画の変更に伴う『資本論』の構成プランは、次の4部からなるはずのものでした。第1部・資本の生産過程（『資本論』第1巻）、第2部・資本の流通過程（『資本論』第2巻）、第3部・総過程の姿容（『資本論』第3巻）、そして、第4部・理論の歴史のために（『剰余価値学説史』）になります。

2　マルクスの時代の経済恐慌

　マルクスの興味をひきつけてやまなかった、この時期の経済恐慌とはどういうものだったのでしょうか。世界恐慌は、マルクスの時代、すべての国が輸入しすぎ、同時に輸出しすぎることによって起こりました。こうしたことが起こったのは、国際貿易が貿易金融によって媒介され、

信用の力によって、実際の購買力水準を超えて取引が行われたからでしたが、そんなことはどうして可能だったのでしょうか。

ここで私たちは、信用の力とは何かを検討する必要があります。信用とは、商品取引を行う場合、貨幣で決済せず、後で支払うという約束で商品を取引することを言います。商人同士が後で支払うという約束で取引がどんどん進行していくのです。商人同士が与え合うこうした信用を、商業信用といいますが、重要なポイントは、債務を負った商人は、後で必ず現金で支払いをしなければならないということです。その支払い約束証書を一般に私たちは、手形と言います。その手形を銀行が利子分を差し引いて買い取る、銀行のそうした行動を割引といいますが、商人が手形を銀行に持ち込んで、買い取ってもらいますと、銀行が、商業信用を仲介し、商人に貸し付けることによって、信用はさらに膨張していきます。これは、銀行による貸付ですから、それをわたしたちは、銀行信用といいます。

マルクスは、この時代の経済恐慌の具体的なありかたについて、極めてリアルに次のように叙述しています。

「製造業者は現実に輸出業者に売り、この輸出業者はまた外国の取引先に売るであろうし、輸入業者は彼の原料を製造業者に売り、この製造業者は、彼の生産物を卸売商人に売るであろう、等々。しかしどこか目立たない個々の地点で、商品は売れないままになっている。または、こんどは、すべての生産者と中間商人との在庫がしだいに過剰になってくる。…（中略）…遠隔地に売る（または国内でも在庫の山を抱えてしまっている）商人たちの〔支出の〕還流が緩慢になって、まばらになり、その結果、銀行には支払いを迫られたり、諸商品購入の際に振り出した手形が諸商品の転売が行われないうちに満期になるということになれば、ただちに恐慌が到来する。そこで強制販売、支払いをするための販売が始まる」（⑨515〜516）。

商人資本が介在し、販売が大々的に行われ、資本主義社会には、繁栄

第4話　マルクスの経済危機分析とわたしたち

が訪れるのですが、マルクスは、最終的にその景気拡大は、資本主義社会における所得分配の不平等による、狭隘な個人消費に限界づけられているという恐慌勃発の基本を確認します。個人消費の落ち込みによる商人たちへの還流が緩慢になりますと、商人は満期の手形を支払うことができずに恐慌が勃発するのです。

　商業信用と銀行信用によって、個人的消費の限界を突破した資本主義経済ではありますが、その信用が崩壊しますと貨幣を求めての殺到が起こらざるを得ません。マルクスは、『資本論』第1巻の貨幣論の箇所で、この法則的展開を述べており、基本的にこの論理は、後に述べます、現在のリーマン・ショックに始まる世界経済危機においても貫徹しているのです。マルクスはいいます。

　「つい先ほどまで、ブルジョアは、繁栄に酔いしれ、蒙を啓く（ひら）とばかりにうぬぼれて、貨幣などは空虚な妄想だと宣言していた。商品だけが貨幣だ、と。ところがいまや世界市場には、貨幣だけが商品だ！という声が響き渡る。鹿が清水を慕いあえぐように、ブルジョアの魂も貨幣を、この唯一の富を求めて慕いあえぐ。恐慌においては、商品とその価値姿態である貨幣との対立は絶対的矛盾にまで高められる。それゆえにまた、この場合には貨幣の現象形態は何であろうとかまわない。支払いに用いられるのが、金であろうと、銀行券のような信用貨幣であろうと、貨幣飢饉は貨幣飢饉である」（①233〜234）。

　このマルクスの叙述で重要な点は、恐慌時においては、信用が通用せず、貨幣飢饉が世界市場において引き起こされることを指摘したことです。当時の世界市場は、イギリス資本主義を基軸に成り立っていました。世界恐慌が、マルクスの時代、すべての国が輸入しすぎ、同時に輸出しすぎることによって起こったことはすでに述べましたが、当時多くの国では、金本位制あるいは銀本位制をとっており、いずれにしても貨幣流通の基礎に貴金属があったのでした。イギリスは、世界経済の中心国であり、世界の銀行の役割を果たしていましたから、一般にイギリスは、

信用を最も多く与え、最も少なく受ける立場にありました。したがってイギリスが、一般的に貿易差額は順、つまり黒字であっても、すぐ清算しなければならない満期の支払いは、イギリスの方が多く、恐慌の前兆として、金流出はまずイギリスで起こるのでした。

　と言いますのは、例えば、ドイツがイギリスに支払うよりもイギリスがドイツに多く支払わなければならないとしましょう。すると、ロンドンでは、マルクの需要が上昇し、ポンドで表示されたマルクの価格が上がりますし、逆にドイツのハンブルクやベルリンでは、マルクで表示されるポンド価格が下落します。つまり、為替取引が逆になり、支払いが多くなりますと、自国通貨の相場が下落し、外貨の相場が上がることになります。あまり外貨の相場が上昇すれば、高い外貨を自国通貨で買わずに、金を購入し外国に送ったほうが安くつきますから（その為替相場を金輸出点と言います）、外貨を買って支払いをする代わりに、金を買って送ることになりますので、自国から金が流出することになるのです。

　しかしながら、金流出が起こったからといって、直ちにイギリスで恐慌が起こるというわけでもありませんでした。「現実の恐慌はいつも、為替相場が反転したのちにはじめて、すなわち、貴金属の輸入がふたたび輸出より優勢になるとすぐに勃発した」（⑪991）のです。といいますのは、金流出が起こりますとイングランド銀行は、金融引き締め政策をとり、金流出を防ぐ行動にでます。そうすると、利子率が上昇し貨幣逼迫が引き起こされ、為替相場が反転し、貴金属の流出が流入にかわり、同時に、国内経済が、貨幣逼迫の影響から経済恐慌に突入するということになったからでした。「各伍発射の場合のように」とマルクスはいっていますが、支払いの順番が回ってくるのに応じて、各国は次々と金流出を引き起こし、続いて、金流入と同時に経済恐慌へと突入したのでした。世界経済危機は、イギリスを発生源として、世界各国へ次々と波及したのです。

3　1929年大恐慌の勃発と『資本論』の論理

　ところで、19世紀も後半以降になりますと、資本主義経済の信用において、株式が極めて重要な役割を果たし始めます。マルクスの生きた時代の経済恐慌は、既述のように、商業信用と銀行信用がイングランド銀行の信用創造を軸にして世界貿易の拡大と崩壊を通じて、引き起こされました。しかし、19世紀も終わりに近づきますと株式を取引する証券取引所が資本主義経済において大きな役割を果たし始めます。マルクスの死後、『資本論』第2巻と第3巻の出版に責任を負ったエンゲルスは、第3巻を刊行後の1895年、死の直前に『資本論』第3巻の補遺として、「証券取引所」と題する重要な言葉を残しています。エンゲルスは次のように言っています。

　「第3巻第5篇、とくに〔第27〕章からは、資本主義的生産一般において取引所がどのような地位を占めるかが明らかになる。しかしいまや、この本が書かれた1865年以来、ある変化が生じており、この変化は、こんにちでは、取引所に、いちじるしく大きくなった、かつなおもつねに大きくなる役割を与えた。またその変化がさらにいっそう進めば、全生産――工業と農業との――と、全交易――交通手段と交換機能――とを、相場師の手に集中し、その結果、取引所を、資本主義的生産そのもののもっともきわ立った代表者にする傾向をもつ」（⑬1586）。

　第1次世界大戦と第2次世界大戦の間、いわゆる戦間期における経済危機と言えば、1929年10月にアメリカに勃発した大恐慌が有名ですが、エンゲルスの遺言通り、この経済恐慌では、株式制度を通じての信用膨張とその崩壊が極めて大きな役割を果たしました。マルクスは、金融危機の時には、信用崩壊と同時に貨幣飢饉が起こると述べたことは既述の通りですが、この証券市場恐慌において、貨幣飢饉は起こったのでしょ

うか。この時期の経済危機の根底には、主要産業企業の過剰生産があり、景気上昇の下で上がりに上がった株価が、実体経済の販売不振から、急速に下落するということで経済恐慌は、始まりました。

　ここで重要な点は、株式取引が証拠金購入という信用取引によって行われていたという事実です。この証拠金取引とは、一定の証拠金以外の株式買い付金を、株式を担保とする貸付によって調達する仕組みでしたから、株価が上昇しているうちは、投資家は、貸付機関から現金を要求されることはありませんが、株式価格が下落しますと株式の損失額は、証拠金から差し引かれ、その証拠金の残金が約定価格の一定比率、これを証拠金比率というのですが、それを割り込みますと、その分追証といわれる証拠金の積み増し、あるいは担保の増額が要求されることになります。つまり、株式価格の下落は、貨幣飢饉をもたらすわけで、支払いができなければ、投資家は、株式を売却せざるを得ず、株式価格のさらなる下落が引き起こされていきます。

　1929年10月24日に始まる「証券取引所恐慌」における株式価格の崩壊が信用取引に与えた影響は大きく、株式維持のための膨大な証拠金追加要求、もしくは、担保品の価値増額の要求が、投資家に対して貸付機関から出されることになりました。

　けれどもこの時期、アメリカの金融市場は決定的な金融崩壊に立ち至ることにはなりませんでした。と言いますのは、ニューヨーク市中銀行はこの危機的な時期に、大量の信用貨幣の投入によって、貨幣飢饉を緩和したからなのです。マルクスは言っています。「銀行の信用が揺るがない限り、銀行は、このような場合には信用貨幣の増加によってパニックを緩和するが、しかし信用貨幣の引きあげによってはパニックを増加させることは明らかである」(⑪894)。

　こうしたアメリカ資本主義の中枢部分の経済危機は、ニューヨーク市中銀行の大量の信用貨幣投入によって、とりあえず回避されましたが、中小企業や農業地帯での恐慌の深刻化は、1930年末以降、中小銀行の破

■第4話　マルクスの経済危機分析とわたしたち■

産件数の上昇となって現われていきます。そして、金融危機は、1931年末以降、アメリカ資本主義の巨大金融独占を襲うに至ります。

　フーヴァー共和党政権は、1932年初め、復興金融公社の設立とグラス・スティーガル法の通過によって、巨大独占金融機関の危機乗り切りを実施します。復興金融公社は、国債発行により、資金を調達し、危機に陥った機関に貸付けましたし、グラス・スティーガル法は、国債を担保として連邦準備銀行が信用貨幣供給を大幅増額することを可能としたのです。

　この政策で一時は危機が回避されたかに思われましたが、国債を担保に多額の信用貨幣を供給するシステムを金本位制下で行ったというところに問題がありました。1933年3月には、アメリカが金本位制を離脱しなければならないような、深刻な全国的金融危機が引き起こされたからでした。

　バランタインは次のように言っています。「以前の困難は、銀行預金を現金に換えることを熱望するパニックを伴っていたが、今回は現金を金に換えるという、より深刻なものであって、それはその時の金がドルとの交換によって後になるより、より多く獲得されるという確信によるものだった[6]」。

　すなわち、金兌換の停止によるドルの平価切下げを見越した銀行預金の金への転換の大量出現が、この時期の貨幣退蔵が「金恐慌」（gold crisis）となった原因だったのです。マルクスは次のように言っています。「恐慌時には、すべての手形、有価証券、商品を一挙に同時に銀行貨幣に換えるべきであり、またさらにこの銀行貨幣のすべてを金と交換可能にすべきであるという要求が現れる」（⑪1002）。

　この時期の経済恐慌が、世界的に極めて深刻であったのは、1929年恐慌勃発以前から、低開発農業諸国のかなりの国は、農業恐慌の深刻さから、金本位制を離脱し、為替管理体制に入っていました。また、危機の深刻化とともに、かつて世界経済の中心国として君臨したイギリスが、

1931年9月に金本位を離脱し、スターリング・ブロックという為替管理体制から保護主義に入っていく状況でした。フランスは金ブロック諸国のひとつとして残りますし、ドイツは、ナチスが政権をとり、侵略主義的広域経済圏をめざします。世界経済は、国際貿易・資本移動ともスパイラル的に下落し、挙句の果てには、第2次世界大戦に突入するということになったのです。

4　パックス・アメリカーナと金融危機の鎮静化

　イギリスとアメリカに分断された戦間期の不安定な世界経済は、大恐慌を経て、さらにブロック経済に分断されました。このブロック経済は、米、英、仏、ソ、中の連合国とドイツ、イタリア、日本の枢軸国との決定的対立に世界経済を分断し、第2次世界大戦が連合国勝利の下に終了します。

　こうして、世界経済は、連合国アメリカを基軸に編成替えされることとなりました。これがいわゆるパックス・アメリカーナの形成ですが、国際金融システムの再編は、1944年ブレトンウッズ協定によって成し遂げられたのです。かつての時代と異なり、この協定によって創設された世界経済は、金本位制に基づくものではありませんでした。この国際金融システムの創設に大きな力を貸したイギリスの経済学者J.M.ケインズは金本位制を嫌い、固定相場制を軸に国際貿易の活発化による完全雇用の実現を重視したからでした。もちろん、第2次世界大戦後、アメリカとソ連が決定的に対立し、世界経済は大きく分断され、さらに、南の諸国は、かつて植民地でしたが、その後続々と独立を達成していきます。したがって、アメリカを基軸とする資本主義諸国の体制は、言葉の真の意味で世界経済とはいえず、地球の半分のしかもその西側に位置する諸国の体制にすぎませんでした。

　この西側諸国の盟主となったアメリカは、みずからの国民通貨ドルを

国際通貨とする国際金融システムの構築を試みました。ケインズ主義的に考案されたこのシステムは、各国の内需拡大を基軸に国際貿易を活発にして完全雇用を実現しようとするシステムの構築でしたから、金本位制を採らず、さらに固定相場制の採用によって、国際資本取引とりわけ投機的取引は厳格に規制されたのでした。国際金融は、基本的に国際貿易取引から生じる経常取引が円滑に進むためのシステムでしたから、ドルは、アメリカの経常収支黒字分を相殺する長期資本収支の赤字、すなわち基礎収支の均衡によって、世界経済に供給されればよく、野放図なドルによる世界的信用膨張は不要でした。したがって、この信用膨張を厳しく規制するため各国通貨当局は、アメリカ通貨当局に、１オンス35ドルの金交換を約束させたのでした。

　戦後の国際貿易は、このケインズ的国際金融システムのもと、拡大を続けましたし、国際投機資本の厳格な規制の下、国際金融危機も鳴りを潜めます。この時代の国際貿易金融には、銀行の国際的展開は必要ではありません。なぜなら、国際貿易で発生する手形は、かつて19世紀のイギリスのポンド手形がロンドンに送られたように、今度はニューヨークに送られ決済されるからです。

　しかしながら、アメリカ経済には、このシステムを崩壊に導く要因が、企業の多国籍化によって創出され、さらに、海外進出を図る金融機関側にも創り出されていきます。1960年代後半からのアメリカ金融機関の海外進出には凄まじいものがありました。歴史上かつてない規模でのアメリカ商業銀行の海外進出は、多国籍銀行の出現をもたらし、ケインズ的国際金融システムの崩壊とそれに代わる新自由主義的国際金融システムの基盤づくりとなっていったのでした。

5　世界経済危機と『資本論』の論理

(1) 世界金融危機勃発の歴史的条件

　1971年8月15日、ニクソン政権による金とドルとの交換停止、1973年変動相場制への移行、アメリカにおける国際資本取引の自由化は、ケインズ的国際金融システムの崩壊を意味し、新自由主義的国際金融システム構築の歴史的幕開けとなりました。こうした事態になったのは、アメリカ企業の多国籍化とともに形成されてきた、国際資本取引上必要とされるドルの需要が増大してきたからにほかなりません。国際貿易上必要とされる決済通貨ドルではなく、国際投資において必要とされるドルであり、経常収支と全くかかわりのない資本収支上の取引が必要になってきたのです。アメリカ投資銀行の海外進出、それに伴う、証券市場のグローバル化にともなうドル需要は、ケインズ的国際金融システムとは無縁です。こうした国際資本取引の自由化は、ある特定地域への資本の世界的規模での集中的投資による経済的活況と投資の行き過ぎを誘発し、経済危機勃発の要因となります。しかしそれは、アメリカ多国籍企業・金融機関にとっては、資本をグローバルに動かし利益を上げる又とない機会となるのです。

(2) 世界経済危機はなぜ勃発したのか

　信用制度を通じた信用膨張は、金融危機に決定的役割を演じます。
　マルクスの時代は、既述のように、商業信用と銀行信用が経済成長を加速させ、国際貿易を通じた膨大な輸出が、過度の生産過程の拡大を進行させ、最終的には、その信用が崩れ、急激な貨幣飢饉から恐慌となりました。また、1929年大恐慌時には、銀行信用に踊らされた株式資本の膨大な形成が、証券市場での熱狂的なブームを創り出し、この信用主義の破綻とともに、重金主義が、最終的には、信用制度の根幹を形づくっ

■第4話　マルクスの経済危機分析とわたしたち■

ていた金本位制までも崩壊させました。

　2007年夏、ヨーロッパで勃発したサブプライム危機は、住宅ブームに関連した銀行資産の証券化に基づく信用膨張を一気に崩壊させ、巨大金融機関の根幹を揺るがす世界金融危機へと展開しました。商業信用、銀行信用、株式信用が大きな役割を果たしていた過去の金融危機に対して、マルクスの時代には全く考えもできなかった、銀行資産の証券化という新手の信用膨張が、今度は大きな役割を果たしたのです。

　銀行資産の証券化とは、どのようなものなのでしょうか？　ここでは、歴史的にかなり昔からあるモーゲージ担保証券（MBS: mortgage-backed securities）市場について説明することにしましょう。モーゲージとは、住宅・商業・農業用不動産を担保とする貸付債権を有価証券化したものをいいます。住宅不動産を担保とした場合、そのモーゲージとは、住宅を購入した人が、融資を受ける際にその住宅を担保として差し出したものが有価証券化したものをいいますから、モーゲージは、当然本来融資を行った金融機関が保有します。けれども、アメリカでは、このモーゲージを買い取る機関である連邦住宅抵当公社（FNMA: Federal National Mortgage Association、通称ファニー・メイ）が、1938年に設立され、その買い取りが行われることになったのです。もちろん、その買い取りが盛んになったのは、1970年代以降のことですが、このファニー・メイは買い取ったモーゲージをプールし、これを担保としたモーゲージ担保証券を発行し、売りさばくこととしたのです。

　この売りさばきは、ウォールストリートの大手投資銀行が、その担保証券を引き受け行うこととなりました。したがって、証券の大口の購入者のなかには、最大級の年金基金や保険会社が含まれ、アメリカ住宅市場は今や地方の小規模な金融市場から抜け出し、アメリカの巨大な証券化市場の一角に組み込まれることになったのです。この証券化市場は、従来の証券市場とは異なり、相対市場で取引がおこなわれ、アメリカはおろか、世界各地の遊休貨幣資本をアメリカ証券化市場へと呼び込んだ

のでした。

　サブプライム危機とは、サブプライム・ローンの焦げ付きから発生した金融危機ですが、そもそもこのサブプライム・ローンとは何なのでしょうか？　サブとは、二流、三流という意味ですから、サブプライム・ローンとは二流、三流のローンということになります。まともなプライム・ローンが頭打ちになった、2003年以降、アメリカ主要金融機関は、従来は見向きもしなかったサブプライム・ローンへ、貸付先を変更していきます。返済能力の低い人たちのためと称して、最初の２、３年は低額の返済額なのですが、その後返済額を急上昇させるという詐欺まがいの略奪的方法で貸付を拡大していきます。住宅価格が上昇しているうちは、返済に困っても担保の住宅を販売して借金を返済すればことは済み、債務不履行とはなりません。

　貸し付けられたサブプライム・ローンに基づく債権は、大手金融機関が買い取り、ローンを証券化して、傘下のサブプライム関連商品に投資する特定目的会社（SVC）に証券化したモーゲージ担保証券を販売します。商業信用や銀行信用、さらには株式制度に基づく信用膨張と比較しますと、証券化を通じた信用膨張は、より一層膨大な規模で拡大したといえるでしょう。しかしまた、その破たんも時間の問題であったといえるでしょう。

　マルクスがかつていみじくも指摘した「すべての現実の恐慌の究極の根拠は、依然としてつねに、資本主義的生産に対比しての、すなわち、社会の絶対的消費能力だけがその限界をなしているかのように生産諸力を発展させようとするその衝動と対比しての、大衆の貧困と消費制限である」（⑪835）に倣っていえば「サブプライム・ローン危機の究極の根拠は、資本主義的住宅販売の衝動と対比しての、すなわち、社会の絶対的住宅購入能力だけがその限界をなしているかのように住宅販売を発展させようとするその衝動と対比しての、大衆の貧困と消費制限である」ということになります。

■第4話　マルクスの経済危機分析とわたしたち■

　金融機関は、モーゲージ関連証券を購入するため短期の貸付資本を多額借り入れていました。短期資本の貸手は、担保資産価格の不確実性ゆえ、投資銀行が負債を借り換えることを突如拒否したのです。あまりに多額の借入金に依存していた大手投資銀行は、資金調達のため、資産売却を余儀なくされます。多くの投資銀行が資産売却を一斉に行うのですから、資産価格は急落し、貨幣を求めての借り手の殺到は、短期の金利を急騰させたのでした。

(3) 危機はなぜ世界的だったのか

　2008年9月のリーマン・ショック以降、危機は世界的に波及し、まさに、この世界経済危機は、1929年恐慌以来の危機の到来といわれました。たしかに、この危機が、1929年大恐慌以来の深刻な国際的な金融危機を伴っていたことは事実です。国際金融市場と為替市場に大きなショックが走りましたが、金融的ショックは、銀行間の貸付金利の急騰という事態になったのです。つまり、ドルを基軸に構築されていた信用構造が崩れ、ドルを求めての「貨幣飢饉」が国際的に引き起こされたのでした。マルクスが19世紀に論じた信用崩壊が貨幣飢饉を引き起こすという法則がここでも貫徹されたということになります。

　さらに、国外において深刻なドル不足が発生しました。アメリカの大幅な経常収支赤字と住宅市場その他の資産市場の崩壊によって、在米資産保有が好まれなくなり、ドル暴落を予想する人がいたのですが、事態は逆に、信用崩壊からの「ドル飢饉」によって、ドル相場は上昇したのでした。

まとめにかえて

　世界経済のメカニズムは、資本主義が成立して以来今日まで大きく変貌しました。とはいえ、本章で論じましたように、世界経済危機の発生

において、マルクスが『資本論』で論じた経済危機の本質は、今日においても依然生きているのです。「大金融機関や株式仲買人たち」の経済力は極めて大きくなっていますし、国際的投機資本の活動は、はなはだ活発になっているからです。

けれども、今日の資本主義社会には、マルクスの時代とは異なる歴史的条件がすくなくとも3つあります。

その第一は、現代は、国際金本位制の時代ではないということです。戦後IMFによる固定相場制の時代では、国際投機資本を抑え込み、金融の横暴をコントロールすることにより金融危機を阻止してきました。それに対して、現代の変動相場制の時代では、国際投機資本の活発な動きがあり、金融の横暴が目に付く事態となっています。しかしながら、金本位制の呪縛から解き放たれた中央銀行は、その最後の貸し手機能を存分に生かし、危機救済の貨幣供給を緊急に行って金融システムの全面崩壊を阻止することができます。

第二は、経済における国家財政の規模が、マルクスの時代、大恐慌の時代とは桁違いに増大していることがあげられます。世界経済危機勃発時には、直ちにオバマ政権は、「アメリカ復興及び再投資法」を成立させ、2年にわたって7000億ドルを超える財政支出と減税政策が実施されました。リーマン・ショック後の世界経済危機においては、当初1年半程度、民間雇用の落ち込みは、大恐慌期と同じく深刻でしたが、2年経過すると、上昇はせずとも下げ止まりとなり、6年たつとリーマン・ショック前の水準に回復したのです。

そして、マルクスの時代、大恐慌の時代と今日の資本主義社会の歴史的条件の違いの第三は、世界経済の在り方です。マルクスの時代は、国際金本位制のもとでイギリスが世界の中心国として君臨し、パックス・ブリタニカの絶頂期でした。大恐慌期においては、世界経済が崩壊し、長期にわたって、国際貿易と投資が停滞しました。しかし、世界経済危機後は、世界経済の軸心がアメリカ、ヨーロッパなどの先進資本主義国

から、インド、中国などの新興工業諸国に移動しつつあります。危機後の急速な国際貿易と投資の回復は、新興工業諸国の回復が大きく影響したことは明らかだったのです。

〈注〉
（１）本稿では、「危機」と「恐慌」とを意識的に区別しているわけではありません。どちらも、英語では crisis となります。
（２）本稿は紙数の制約もあり、問題のエッセンスのみの論述にとどまらざるをえないため、より詳細には、拙著『世界経済危機と「資本論」』（新日本出版社、2018年）を参照して下さい。
（３）マルクス・エンゲルス「評論〔1850年３‐４月〕」『マルクス・エンゲルス全集７』大月書店、303頁。
（４）マルクス・エンゲルス「評論〔1850年５月‐10月〕」同上訳書、450頁。
（５）佐藤金三郎著『『資本論』と宇野経済学』新評論、1968年、18頁。
（６）A.A. Ballantine, "When All the Banks Closed," in *Harvard Business Review*, Vol.26, No.2, March 1948, p.135.

第5話

『資本論』の視点で、AI（人工知能）やICT革命をどう見るか

友寄英隆

はじめに

　資本主義経済の研究をする際には、資本主義的生産関係（搾取関係）の特徴を分析するとともに、生産力の変化・発展の動向を具体的に分析することが必要です。資本主義社会のもとでの搾取強化の実態は、生産力の動向とのかかわりで分析することによって、より具体的に、より深くとらえることができるからです。

　また、科学的社会主義の立場から社会発展の展望を研究するためには、資本主義社会における「生産力の発展と生産関係との矛盾」を分析することが必要です。資本主義のもとで急速に生産力が発展し、生産関係（資本主義的搾取制度）との矛盾が深まり、新しい社会への変革の準備がなされるからです。資本主義のもとで形成された巨大な生産力は、未来社会へ移行するさいの物質的基盤としての役割も果たします。(※)

　21世紀の現代資本主義について言えば、ICT（情報通信技術：

■第5話　『資本論』の視点で、AI（人工知能）やICT革命をどう見るか■

Information〔情報〕Communication〔通信〕Technology〔技術〕）の急速な進展が生産力の新たな発展をもたらし、資本主義的生産関係との矛盾を拡大しています。

AI（人工知能）、インターネット、IoT（アイオーティー）、ビッグデータ、サイバー空間などなど、ICT用語が日常的に氾濫しています。AIとは、その名のとおり、人工知能（Artificial Intelligence）、人間の頭脳の機能を模したコンピュータやそのプログラムのことです。IoTとは、英語の（Internet of Things）の三つの単語の頭文字をとった造語、「あらゆるモノをインターネットでつなぐ」という意味です。

AIの進化に象徴される現代のICT革命の技術的な根源には、なにがあるのでしょうか？　それは、一言で言えば、超高性能のコンピュータの発展によるアナログからデジタルへの情報処理技術の根本的転換と言ってもよいでしょう。後に（第5節で）詳しく説明しますが、デジタル化の原理とは、文字、画像、音声、動画などすべての情報を「0と1」の要素（bit＝ビット、情報量の基本単位）に徹底的に分割し、超高速で通信する技術です。

マルクスが『資本論』を書いた時代、19世紀の中盤には、もちろんコンピュータやインターネットはありませんでした。テレビやラジオ、映画や電話すらまだなかった時代です。ですから、『資本論』でICT革命やデジタル化の問題が直接

図1　人工知能の活用可能性が広がっている

77

論じられているわけではありません。しかし、『資本論』には、21世紀のICT革命、デジタル化の原理にまで発展する機械工業の原理が科学的に解明されています。

本章では、資本主義的搾取制度の発展と生産力の発展との関係について歴史的に概観しつつ、とりわけ生産力の発展の側面、現代のコンピュータやAIの技術的基礎に焦点を当てて、『資本論』における機械工業の原理の理論的解明の持つ今日的意義をみていきたいと思います。

※経済学において生産力の発展の側面を研究する意義については、拙稿「「生産力の発展と『資本論』」(『季論21』2017年秋号) をご参照ください。

1 資本主義的生産様式の生成と発展
——資本主義的搾取制度と生産力の発展

資本主義的生産様式のそれまでの他の生産様式と区別される大きな特徴のひとつは、資本主義的生産様式のもとで生産力が急激に発展するようになったことです。

『共産党宣言』における生産力発展への注目

マルクスとエンゲルスは、『資本論』(1867年) 発刊より20年も前に、『共産党宣言』(1848年) のなかで、次のように述べています。

「ブルジョアジーは、百年たらずの階級支配のあいだに、すべての過去の諸世代を合わせたよりもいっそう大量かつ巨大な生産諸力をつくりだした。諸自然力の征服、機械設備、工業および農業への化学の応用、汽船航海、鉄道、電信、諸大陸全体の開拓、諸河川の運河化、地中からわき出たような全人口——このような生産諸力が社会的労働の胎内にまどろんでいたことを、これまでのどの世紀が予想したであろうか?」。「ブルジョア的な生産諸関係および交易諸関係、ブルジョア的な所有諸関係、これほど巨大な生産手段および交易手段を魔法で呼びだした近代ブルジョア社会は、自分が魔法で呼びだした地下の魔

■第5話　『資本論』の視点で、AI（人工知能）やICT革命をどう見るか■

力をもはや制御することができなくなった魔法使いに似ている」（『共産党宣言』新日本文庫、46〜51頁）。

　この文章は、いろいろな場合に引用されますから、どこかで読んだことがあるという方も多いと思います。資本主義のもとでの生産力の急激な発展については、マルクスとエンゲルスは、『共産党宣言』に先立って唯物史観を初めて定式化した『ドイツ・イデオロギー』（1846年）のなかで、すでに明確に指摘していました。『共産党宣言』は、こうした資本主義における生産力の発展を歴史的前提として書かれています。

　では、いったいなぜ、資本主義の時代になって急に生産力がこのように巨大な規模に膨張するようになったのでしょうか。この答は、『資本論』第Ⅰ巻「資本の生産過程」のなかで、さまざまな角度から詳しく探究されています。とりわけ『資本論』第Ⅰ巻第四篇「相対的剰余価値の生産」では、資本主義的搾取制度の発展と生産力の発展との深い結びつきが、歴史的にも理論的にも徹底的に解明されています。資本主義的搾取制度の生成・確立が生産力の発展に拍車をかけ、逆に生産力の発展が搾取関係を量的にも質的にも強化・発展させていくこと、こうした両者の密接な関係を理論的に解明したのが『資本論』第Ⅰ巻第四篇「相対的剰余価値の生産」でした。

本源的蓄積の時代からマニュファクチュアの時代へ

　資本主義のもとでの生産力発展の問題に入る前に、そもそも資本主義はどのようにして生まれたのか、その出発点を確認しておきましょう。

　世界の資本主義の500有余年の歴史のなかで、最初の時期のことを本源的蓄積の時代といいます。これは資本主義が成り立つための基礎的な出発点を創る時期のことですから、封建時代の末期から、いわば資本主義的生産様式の前史としてはじまります（「本源的蓄積」は、「原始的蓄積」ということもあります）。

　資本主義的生産様式の発生は、商品生産や貨幣流通の一定の広がりを

前提としていますが、しかしそれだけでは足りません。資本主義の発展を推進する資本家階級と労働者階級、とりわけ直接生産を担う労働者階級が大量に生み出されねばなりません。

「資本関係をつくり出す過程は、労働者を自分の労働諸条件の所有から分離する過程、すなわち一方では社会の生活手段および生産手段を資本に転化し、他方では直接生産者を賃労働者に転化する過程以外のなにものでもありえない。したがって、いわゆる本源的蓄積は、生産者と生産手段との歴史的分離過程にほかならない。それが『本源的なもの』として現われるのは、それが資本の、そしてまた資本の照応する生産様式の前史をなしているためである」（④、1224頁。原書、742頁）。

つまり、本源的蓄積とは、農奴や自営農民などの直接的農民から土地を収奪し労働者階級を生成することであり、その本質は「生産者と生産手段との歴史的分離過程以外のなにものでもありえない」のです。このように本源的蓄積とともに、16世紀に誕生した新しい資本主義の時代は、資本主義的生産様式の一つであるマニュファクチュア（工場制手工業）(※)という時代に入ります。

マニュファクチュアとは、産業革命で普及する機械制大工業の以前の資本主義的生産様式です。工場に数人（あるいは数十人）の賃金労働者を集めて、分業による協業によって生産がなされますが、まだ機械ではなく道具を使って、もっぱら手工業を技術的基礎としている生産様式です。『資本論』第Ⅰ巻第四篇第12章「分業とマニュファクチュア」では、①分散生産される部品を1ヵ所に集め組み立てる異種的（分散）マニュファクチュアと、②一作業場で工程を分割して仕上げる有機的（集中）マニュファクチュアの2つの基本形態があると指摘しています。

　※マニュファクチュア（manufacture）は、日本語では「工場制手工業」と訳されますが、一般には原語のままマニュファクチュアと表記されています。多くの『資本論』の邦訳書でも、マニュファクチュアと表記されています。

2 「労働革命の原理」──「労働の分業と協業」

　マニュファクチュア（工場制手工業）の時代は、イギリスの場合、16世紀から18世紀後半にいたる長い期間続きます。この時代には、直接生産者である労働者の労働編成、労働様式の革命的変革、資本主義的生産様式の基礎となる「労働の分業と協業」が発展します。このマニュファクチュアのもとでの「労働の分業と協業」によって、資本主義社会の急激な生産力の発展がはじまるのです(※)。

　分業とは、労働を分割して専門化することです。分業は、労働の生産性を高めるための有力な方法です。今日でも、仕事を数人でおこなうとき、仕事全体の工程をいくつかに分割して、それぞれの作業を分担して実行すると能率が上がります。こうした分業の効果は、今日でも、日常的に経験することです。

　※マニュファクチュア時代の「労働の分業と協業」については、『資本論』では、第Ⅰ巻第四篇第11章「協業」と第12章「分業とマニュファクチュア」で詳しく解明されています。

アダム・スミスの分業論の意義、その二つの弱点

　古典派経済学のアダム・スミスは、その主著『諸国民の富』（1776年）のなかで、人間の労働を富の本源的な手段ととらえるとともに、第一篇第1章「分業について」で、工場内の分業の発展を労働の生産力の最大の要因と位置付け、分業を通じて、労働の熟練、技能も大きく高められることを強調しました。この第1章で、スミスがとりあげたピン工場での工程の分業による生産性上昇の事例は、たいへん有名です。スミスは、針金からピンをつくる工程を分析し、分業せずに一人で全作業をすれば、1日に20本のピンもつくれないのに、「針金を引き伸ばし」「まっすぐにし」「切り」「尖らせ」「先端を磨く」など18種の作業に分割し

て、10人の労働者で分業するならば、一日に4万8千本以上のピンを生産できるとしています。スミスは、この事例で、分業によって生産性が飛躍的に上昇することを強調し、それこそが「諸国民の富」の源泉であると主張しました。

マルクスは、『資本論』のなかで、「彼（アダム・スミス）をマニュファクチュア時代の包括的な経済学者として特徴づけるものは、彼が分業を強調したことである」（『資本論』③、606頁、原書369頁）と指摘しています。しかし、マルクスは、スミスの分業論については、その理論的な二つの弱点を指摘しています。

一つは、資本主義的生産様式においては、「労働の分業」とともに重要である「労働の協業」の意義を、スミスが見落としていることです。「協業」とは、文字通り、多数の労働者が同じ生産過程で、協力して働くことです。マルクスは、「協業は、……資本主義的生産様式の基本形態である」（『資本論』③、584頁、原書355頁）と述べています。

スミスの「分業論」のもう一つの弱点は、スミスが機械の役割を理論的にとらえることができなかったことです。そのために、スミスは、機械制大工業のもとでの「労働の分業と協業」の意義も見失ってしまいました。マルクスは、スミスが機械を「労働の分業の添え物」として「従属的な役割」しか与えていないことを厳しく批判しています。次節（第3節）でとりあげるマルクスの機械工業の原理の解明は、スミスやリカードウなどの古典派経済学者の機械論にたいする批判的検討を土台にしています。

マニュファクチュアの技術的限界

資本主義のもとでの生産力の発達は、産業革命に先立って、まず人間労働の側での大変革が起こったこと、「労働の分業と協業」という「労働革命」の意義をとらえることが大事です。マニュファクチュアの時代に「労働革命」（分業と協業の発展）があったからこそ、その土台のうえ

で、その次に労働手段の大変革による産業革命が可能になったのです。

しかし、マニュファクチュアの段階の「労働の分業と協業」は、労働手段の側からみると、まだ手工業の道具による生産であるという狭い技術的な制約、限界をもっていました。

「マニュファクチュアにおける分業を正しく理解するには、次の諸点をしっかりとらえておくことが重要である。まず第一に、生産過程をその特殊な諸局面に分割することが、この場合には、一つの手工業的活動をそのさまざまな部分作業に分解することとまったく一致する。その作業は、組み合わされたものであろうと簡単なものであろうと、依然として手工業的であり、それゆえ、個々の労働者が自分の用具を使用するさいの力、熟練、敏速さ、確実さに依存する。手工業が依然として基盤である。この狭い技術的基盤は、生産過程の真に科学的な分割を排除する」（③、589頁。原書、358頁）。

資本主義的生産様式が緩やかなスピードでゆっくりと発展していくマニュファクチュアの時代は、いわば飛行機が飛び立つときの長い助走の時代といえるでしょう。このマニュファクチュアの時代を経て、資本主義的生産様式のもとで生産力が急速に発展しはじめるのは、産業革命という労働手段の大変革（手工業の道具から機械への発展）が起こり、機械制大工業が確立してからでした。

3　資本主義的搾取制度と機械工業の原理の確立

世界で最初の産業革命はイギリスで起こりましたが、それは1760年頃から1830年頃までといわれています。この産業革命によって、資本主義は機械制大工業の時代に入っていきます。産業革命によって機械制大工業の時代に入った19世紀の資本主義は、産業資本主義の時代、あるいは自由競争の時代といいます。資本主義がもっとも勢いよく発展した時代、いわば資本主義の青年期から働き盛りの壮年期といった時代です。

膨大な剰余価値が蓄積され、拡大再生産が継続する

　機械制大工業のもとで生産力が飛躍的に発展するようになった秘密は、第一に、資本主義のもとでの搾取制度は、これまでのどの社会制度に比べても量的にも質的にも膨大な剰余労働を直接生産者から搾り取り、それを絶えず再生産に投入して、拡大再生産を継続する仕組みになっているということです。

　資本主義的搾取制度のもとでは、資本が労働者を働かすことによって人間と自然を徹底的に開発（利用）することによって生産がなされ、その結果として労働生産物が資本家のものになり、利潤が生みだされます。そのために、資本は、人間労働だけでなく、自然も同時に利用しつくして、もっとも効率的に労働生産物を得ようとします。資本主義のもとでは、個々の資本家は、日常不断に生産技術を革新し、生産性を発展させることによって、利潤を増やすことができます。生産力の発展と資本主義的搾取は一体になっているからです。マルクスは、『資本論』のなかで、こう述べています。

　　「それゆえ資本主義的生産は、すべての富の源泉すなわち土地および労働者を同時に破壊することによってのみ社会的生産過程の技術および結合を発展させる」（③、868頁。原書、529頁）。

　こうした生産力の発展、経済規模の急激な膨張、拡大再生産という現象は、いつの時代でもあったことなのでしょうか。けっしてそうではありません。これは、人類のこれまでの歴史のなかでは、資本主義の時代だけに起こる、きわめて独特の経済現象です。マルクスは、「資本論草稿」のなかで、「資本の蓄積」は、「資本主義的生産様式をそれ以前の生産様式から区別する標識」であるという趣旨のことを、次のような表現で述べています。

　　「資本主義的生産様式においてはじめて、それ以前の生産様式とは違い、過去の労働がこうした増大していく規模で再生産にはいるので

あって、それゆえにこのことが資本主義的生産様式をそれ以前の生産様式から区別する標識として現われる」（大月書店『資本論草稿集』⑨、573頁）。

つまり、資本の蓄積とは、くり返し、くり返し「剰余価値を資本へ転化する」ことであり、そのことによって連続的に生産技術が革新され、生産力が飛躍的に発展していくわけです。言い換えれば、資本家にとって、生産力を絶えず発展させることが資本主義的搾取制度を維持し、発展させるための存在条件（レーゾンデートル）になっているのです。[※]

> ※資本主義的搾取制度の発展が生産力の飛躍的上昇をもたらしたことについては、拙著『「資本論」を読むための年表　世界と日本の資本主義発達史』（学習の友社）で詳しく述べています。関心のある方は、同書の35ページ、82ページなどをご参照ください。

機械工業の原理と機械制大工業の確立

機械制大工業のもとでの生産力の飛躍的発展の秘密は、第二に、手工業の原理が人間の手による主観的分割に頼っていたのにたいして、機械工業の原理は、自然の客観的な分割の原理によってなされるようになり、その結果として、自然科学と技術学の応用によって自然の生産力を無限に引き出せるようになったことです。

『資本論』第Ⅰ巻第四篇「相対的剰余価値の生産」では、このような手工業の原理（主観的分割原理）から機械工業の原理（客観的分割原理）への根本的転換の意義について、くり返し指摘しています。

> 「マニュファクチュアでは、労働者たちは、個別的に、または群別で、それぞれの特殊な部分過程を自分の手工業道具で行なわなければならない。労働者はその過程に適合させられるが、しかしあらかじめその過程もまた労働者に適応させられている。この主観的な分割原理は、機械制生産にとってはなくなる。この場合には、総過程は客観的に、それ自体として考察され、それを構成する諸局面に分割され、そ

して、それぞれの部分過程を遂行し相異なる部分過程を結合する問題は、力学、化学などの技術的応用によって解決される」（③、657～658頁。原書、401頁）。

「労働手段は、機械設備として、人間力に置き換えるに自然諸力をもってし、経験的熟練に置き換えるに自然科学の意識的応用をもってすることを必須にする、一つの物質的実存様式をとるようになる。マニュファクチュアでは、社会的労働過程の編制は、純粋に主観的であり、部分労働者の結合である。機械体系では、大工業は、一つのまったく客観的な生産有機体をもっているのであって、労働者は、それを既成の物質的生産条件として見いだすのである」（③、667頁。原書、407頁）。

先に（第1節の冒頭）、マルクスとエンゲルスは、『共産党宣言』のなかで、資本主義のもとでの飛躍的な生産力の発展を「魔法使いの魔力」に例えたことを紹介しましたが、『資本論』では、その「魔力」の技術的根源が見事に科学的に解明されたのです。

マルクスは、これまでの生産様式の技術的基盤はすべて本質的に保守的であったが、資本主義における技術的基盤は革命的であると、その決定的違いを指摘しています。

「社会的生産過程の多様な、外見上連関のない、骨化した諸姿態は、自然科学の意識的に計画的な、そしてめざす有用効果に従って系統的に特殊化された応用に分解された。……（中略）……それゆえ、近代的工業の技術的基盤は、革命的である――これまでの生産様式の技術的基盤はすべて本質的に保守的であったが。近代的工業は、機械設備、化学的工程、その他の方法によって、生産の技術的基礎とともに、労働者の諸機能および労働過程の社会的諸結合を絶えず変革する」（③、837頁。原書、510～511頁）。「大工業が、巨大な自然諸力と自然科学とを生産過程に合体することによって労働の生産性を異常に高めるに違いないことは一見して明らかである……（後略）」（③、669頁。原書、

408頁)。

今日では、機械工業の原理(客観的分割原理)は、とめどなく進み、ナノメートル(1ナノメートルは10億分の1メートルの長さ)を超える「分割」にまで工学技術が発展してきています。自然界の物質的対象は、分子から原子、素粒子からクォークにいたるまで、ほとんど無限に「客観的分割」が可能だからです。そして、こうした自然界の物質的対象の「客観的分割」は、自然科学と技術学の発展によって果たされます。

4 機械工業の原理と自然科学・技術学の進歩

手工業の原理(主観的分割原理)から機械工業の原理(客観的分割原理)への転換は、それまでの手工業の狭隘な技術的限界を突破して、自然科学と技術学を生産過程に応用できるようになり、そのことによって生産力の飛躍的発展が連続的におこなわれることを可能にしました。しかも、このことは、次には逆に自然科学の発展に大きな拍車をかけることになりました。

「自然の諸動因の応用──いわば、それらの資本への合体──は、生産過程の独立した一要因としての科学の発展と重なっている。生産過程が科学の応用になるのならば、逆に、科学は生産過程の一要因に、いうなればその一機能となる。発見はそのことごとくが新しい発明の、あるいは新しい改良された生産方法の基礎になる。資本主義的生産様式がはじめて、もろもろの自然科学を直接的生産過程に役立てるのであるが、他方では逆に、生産の発展が自然の理論的征服にその手段を提供するのである。科学は富の生産手段となる使命を受け取る、すなわち致富の手段となる。……(中略)……資本は科学を創造しない、しかし資本は科学を徹底的に利用し、科学を生産過程に従属させる」(大月書店『資本論草稿集』⑨、263頁。傍点はマルクス)。

また「機械工業の原理」によって、自然科学が資本主義的な生産過程

に応用されることの必然的結果として、技術学という新しい分野が切り開かれることになりました。

「各生産過程を、それ自体として、さしあたりは人間の手をなんら考慮することなく、その構成諸要素に分解するという大工業の原理は、技術学というまったく近代的な科学をつくり出した。……技術学は、使用される道具がどれほど多様であろうとも、人間の身体のあらゆる生産行為が必然的にそのなかで行なわれる少数の大きな基本的運動諸形態を発見したのであるが、それはちょうど、機械学が、機械がどんなに複雑であっても単純な機械的力能の絶え間ない反復であることを見誤らないのと同じである。」(③、837頁。原書、510～511頁)。

「技術学は、人間の自然にたいする能動的態度を、人間の社会的生活関係およびそれから湧き出る精神的諸表象の直接的生産過程を、あらわにする」(③、645頁。原書、392頁)。

産業革命によって基礎を据えられた機械工業の原理は、自然科学の応用と技術学の新たな展開によって、19世紀から20世紀へかけて、いっそう生産力の発展に拍車をかけていくことになります。

5　デジタル化の原理──その技術的特徴について

20世紀の後半から、資本主義の生産力の発展にとって、機械工業の原理に、さらに新しい要因が加わってきます。情報通信の世界でのデジタル化の原理の展開、いいかえればICT (Information and Communication Technology＝情報通信技術) における革命的発展です。

ICT革命、デジタル化の原理

ICT革命の起源は、20世紀のなかばにさかのぼります。1950年の世界初の商用コンピュータ (UNIVAC I) の完成、1957年の世界初の人工衛星の打ち上げ成功を嚆矢とする情報通信技術の進歩は、怒涛のような

■第5話　『資本論』の視点で、AI（人工知能）やICT革命をどう見るか■

図2　デジタル化の原理

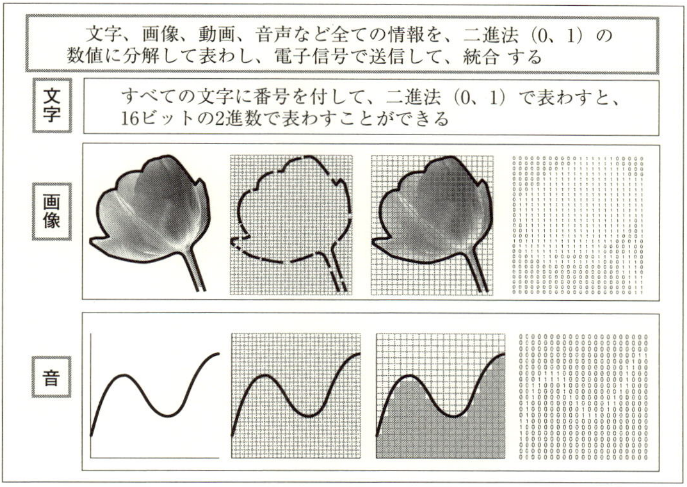

	文字、画像、動画、音声など全ての情報を、二進法（0、1）の数値に分解して表わし、電子信号で送信して、統合する
文字	すべての文字に番号を付して、二進法（0、1）で表わすと、16ビットの2進数で表わすことができる

勢いで資本主義世界の生産力基盤を変革し、革命的な発展をもたらしてきました。

　ICT革命の技術的な根源には、すでに「はじめに」で述べたように、文字、画像、音声、動画などすべての情報を「0と1」の要素（bit＝ビット、情報量の基本単位）に徹底的に分割し、超高速で処理・電送するデジタル化の原理があります。

　たとえば文字情報で言えば、すべての文字に番号をつけて、二進法（0、1）で表わすと、16ビットの２進数で表記することができます。画像や音声の場合は、縦横の微細なマス目に区切って、それぞれのマス目の情報を二進法の数字にあらわすと、「0と1」の要素（bit＝ビット）に変換することができます。この場合、マス目のことを画素（ピクセル）と言い、画素が多いほど精密な画像、正確な音声に変換できることになります。ちなみに、最近、話題になっている4Kテレビ、8KテレビのKはキロ（1,000）という単位を表わし、それぞれ4K＝3,840×2,160＝約830万画素、8K＝7,680×4,320＝約3,300万画素のテレビのことです

89

(3,840を切り上げると4K、7,680を切り上げると8Kになります)。

デジタル化の原理と電子回路の関係

　デジタル化の原理の技術的な特徴として重要なことは、あらゆる情報の「0と1」の要素（bit＝ビット、情報量の基本単位）への変換は、電気の基本的な性質である電荷（＋：正電荷、－：負電荷）に対応していることです。つまり、情報の要素である二進法のbit＝ビットを、電荷（＋と－）の流れの切り替え（スイッチング：電気回路における電路の開閉）に対応させることによって、あらゆる情報を電子回路の運動に変換できることになります。コンピュータは、あらゆる情報をデジタル化し、それをさらに多数の半導体による電子回路によって処理する機械です。数字、文字、画像、音声、動画など、それらが二進法の数字として符号化（デジタル化）される限り、すべての情報が電子回路によって処理されることになるわけです。

　さらにまた、情報を電子回路の運動に変換できることは、あらゆる情報を電気通信（テレコミュニケーション）に載せることによって、情報を瞬時に世界中に電送する可能性を生みだしました。インターネットは、こうしたデジタル化の原理と電気の原理の融合によって可能となった超高速の情報処理・情報通信という技術的基礎のもとで発展してきたのです。

機械工業の原理とデジタル化の原理の結合によるコンピュータの発展

　デジタル化の原理の特徴は、機械工業の「客観的分割原理」がもっぱら物質世界を対象としていたのにたいして、デジタル化の「客観的分割原理」は情報世界を対象としていることです。その意味では、両者の意義は基本的に異なります。しかし、対象の「客観的分割」という原理においては共通しています。マルクスが『資本論』で解明した「手工業の原理（主観的分割原理）から機械工業の原理（客観的分割原理）への転

■第5話 『資本論』の視点で、AI（人工知能）やICT革命をどう見るか■

換」は、物質世界を対象としていますが、情報世界を対象としたアナログの原理からデジタルの原理への転換を理解するうえでも役に立ちます。

　機械工業の原理がICT革命にとっていかに不可欠な意味を持っているか。その端的な事例としては、現在の半導体製造技術の発展を見ればわかるでしょう。最近は、さまざまな機械にコンピュータが部品として使われていますが、それらのコンピュータには、極微小なICチップに膨大な半導体素子を収めたLSI（1000素子以上）、VLSI（10万素子以上）、ULSI（1,000万素子以上）などの大規模集積回路が使われています。ICチップの身近な例では、クレジットカードの表面左側に金色の四角いマークがついていますが、これがICチップ搭載の標識です。こうしたICチップには、まさに機械工業の原理によってナノメートル単位の微細加工で製造された半導体が使われています。そして、こうした高性能な半導体製造の機械工学によってICT革命は支えられています。

　逆にICT革命は、現在の機械制大工業にとっても、不可欠な意味を持っています。たとえば、現代の自動車は、エレクトロニクス技術と情報機器の塊（かたまり）だといわれることがあります。自動車のすべての操作に電気的機構やコンピュータが介在しています。最近は、ほとんどのマイカーにカーナビが設置されていますが、これはGPS（全地球測位システム）衛星からの位置情報の利用を前提にしています。

　このように、機械工業の原理とデジタル化の原理は、相互に支えあいながら、生産力を飛躍的に発展させつつあります。「情報を処理する機械」としてのコンピュータの発明とそれを操作するプログラムのアルゴリズム（問題を解決する論理的な手順）の飛躍的進化は、これら二つの異なった世界の原理を結合したことによって実現されてきました。その意味では、現代のコンピュータの発達は、物質世界の機械工業の原理と情報世界のデジタル化の原理の両方を内に含んでいるといってもよいでしょう。そして最近のAIの進化も、こうしたコンピュータの発展が技術的基礎になっています。

6 『資本論』と21世紀資本主義の生産力基盤

最後に、これまで述べてきたことのまとめとして、資本主義のもとでの生産力の発展と21世紀資本主義の生産力基盤を一覧できる図を描いてみました（**図3**）。

21世紀資本主義の生産力的基盤は、16世紀－18世紀のマニュファクチュアの時代に発展した「労働の分業と協業」を基礎としながら、18世紀—19世紀の産業革命以来の**(A)機械制大工業の飛躍的発展**と20世紀後半以降の**(B) ICT（情報通信技術）革命の発展**とが結合した段階としてとらえることができます。

機械工業の原理は、20世紀を通じて進化し続けて、電気工学を内包して、ナノテクノロジーの段階までに発展を続けています。またデジタル化の原理によるICT革命も、驚くべき進展をみせています。すでに述べたように、これら二つの原理の結合によって、コンピュータという新しい情報処理機械が生まれました。そしてコンピュータの発展は、インターネットという新しいサイバー空間を可能にし、膨大な情報を集積するビッグデータ、IoTなどなど、目を見張る勢いで展開し続けています。

さらに21世紀に入ってからは、ICT革命と生命科学（脳科学）の発展が融合してAI（人工知能）が進化しつつあります。AI進化の背景をより総合的、歴史的にみるなら、別表で示されるような4つの要因が重なり合いながら発展してきたといえるでしょう（**表1**）。

AIの進化による産業分野への本格的応用、生産力としての影響は、まだはじまったばかりなので、これからどのように展開するかは、今後の推移をみる必要があります。しかし、いずれにせよ、AI搭載の無人戦闘機が殺人兵器に使われたりしないように、またAIロボットが利潤最優先で導入されて大量失業が発生しないように、AIの開発・応用に関する社会的ルール作りを急ぐ必要があるでしょう。

■第5話 『資本論』の視点で、AI（人工知能）やICT革命をどう見るか■

図3 21世紀資本主義の生産力基盤の一覧

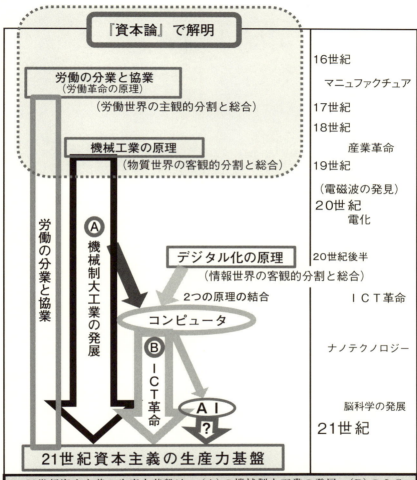

　21世紀資本主義の生産力基盤は、(A)の機械製大工業の発展、(B)のICT革命の発展という二つの要因の結合によって形成されている。そこへAIの進化によって、新たな展開がはじまりつつあるが、それは今後の推移をみる必要がある。

表1　AI（人工知能）進化の要因

		進化の要因	指標（事例）	参考（料理のたとえ）
1	コンピュータ	計算高速化、(量子CP)半導体集積、ナノテク	スパコン「京」1秒間に1京回計算 10000000000000000回	キッチン設備、料理道具（燃料）
2	ビッグデータ	インターネット、クラウド 大量、多種、膨張	2020年のデータ総量 4000億兆バイト 新書16京冊	食材（冷蔵庫、輸送条件）
3	アルゴリズム	ディープラーニング（深層学習）	AI:アルファ碁 3000万回の深層学習	レシピ（調理法）
4	自然科学・技術学	脳科学、情報科学 人工知能学	脳の発生・発達の原理 脳の神経回路網（ニューラルネットワーク）の数理解明	栄養・食物学 健康科学・農学

（注1）ここにあげたのはAI進化の工学技術的な要因である。さらにAI進化の背景には、AI研究への投資、商品化戦略など社会的・産業的な要因もある。
（注2）参考にあげたのは、各要因のイメージを比ゆ的につかむために、「料理」にたとえた場合である。

　16世紀から21世紀までの資本主義世界における生産力発展の足取りを振り返ってみるときに気が付くことは、労働であれ、労働手段であれ、労働対象であれ、情報（データ）であれ、徹底的に対象を分割して分析し、そのあとで再び総合するという論理的な手順の共通性です。(※)

　『資本論』では、マニュファクチュア、産業革命、機械制大工業の分析をつうじて、こうした生産力発展の技術的な原理が科学的に解明されています。先に第3節で述べたように、マルクスは、こうした資本主義における生産力の発展が資本主義的搾取制度の確立・発展と表裏の関係にあることを歴史的・理論的に明らかにしました。

　このような『資本論』の理論的視点をつかむことは、今日の資本主義の分析にとって重要な意義をもっています。『資本論』の研究は、機械制大工業を基礎にしたICT革命やAIなどによる現代の生産力の特質を研究するためにも不可欠だといえるでしょう。

　　※「分析」と「総合」の論理的な手順（アルゴリズム）は、数学で言えば、微分・積分学にあたります。また、問題を「分析」して「総合」するという方法は、ヨーロッパにおける近代科学の出発点で、ルネ・デカルトが『方法序

説』（1637年）のなかで、あらゆる問題を解くために共通する論理的な方法として提示していたアルゴリズムです。

むすびに

　現代資本主義のもとでは、機械制大工業の新たな発展とICT革命がむすびついて、生産・流通、労働、生活、社会・教育・文化など、各分野で大きな変化がおこっています。ICT革命がもたらした高性能のコンピュータを利用することによって、バイオテクノロジー、新エネルギー、新素材開発などの新たなイノベーション競争も激化しています。

　ICT革命やAIの技術的進化は、生産力の面から見れば、自然科学・技術学の発展によるものであり、人類文明の進歩の表れといえるでしょう。しかし、それは資本主義的な生産力（「資本の生産力」）の発展として、「多国籍・巨大独占資本」の過酷な搾取・収奪の生産力的な基盤になり、大量失業の懸念や労働条件の悪化、社会的矛盾の拡大など、これまでにない新たな問題を生んでいます。(※)

　こうした21世紀資本主義の新たな特徴については、私たち自身による独自の具体的な分析と研究が求められます。そのためにも、21世紀の今こそ、あらためて『資本論』の深い研究が必要です。

　　※本章では、21世紀の資本主義を深く理解するには、その生産力基盤を正確にとらえておくことが大事なので、資本主義のもとでの生産力の発展、とくにコンピュータやAIの技術的基礎に焦点をあてました。しかしそのために、ICT革命やAIの進化による搾取強化や社会的矛盾の側面については、具体的に論ずることができませんでした。こうした現代の生産力の発展による矛盾の新たな特徴については、以下の拙稿をご参照ください。①「進化するAI、ICT革命の新たな段階」（『経済』、2018年2月号）、②「ＡＩ『合理化』と人口減少社会」（『経済』、2018年4月号）、③「進化するＡＩ、劣化する資本主義」（『季論21』、2018年夏季号）、④「AIの進化と労働過程の研究」（『経済』、2018年12月号）。

第Ⅱ部

第6話

資本主義批判としての疎外・物象化論

岩佐　茂

はじめに

　マルクス生誕200年を記念して、ラウル・ペッグ監督による映画『マルクス・エンゲルス』（原題『若きカール・マルクス』）がつくられました。マルクスとエンゲルスの出会いから『共産党宣言』が執筆されるまでの２人の活動が描かれています。エンゲルスは、会社経営の父親との葛藤に悩みながらも、人格者として描かれています。マルクスは、酒に酔いつぶされるシーンや事柄にこだわる彼の性格など、人間臭さがにじみ出るようなかたちで描かれていました。
　映画は、山林で枯木集めをする地域の人びとを、官憲が追い散らすシーンから始まります。「枯木」とても、山林所有者の所有物だから、「枯木集め」は所有の侵害だというのです。マルクスは、『ライン新聞』で、「枯木集め」は、地域の人びとが従来からおこなってきた「慣習的権利」であると主張して、「枯木集め」を擁護しました。「枯木集め」は、

■第6話　資本主義批判としての疎外・物象化論■

地域の人びと、とくに貧民にとっては、生活の糧として必要不可欠なものだからです。

　この論文を読むと、マルクスが人びとの生活をいかに大切にしていたのかがわかります。働く者の生活、しかも人間的生活を大切にする視点は、生涯をとおして、マルクスの思想に息づいています。この視点は、マルクスの「疎外」や「物象化」の概念のうちに凝縮されています。働く者の人間的生活を踏みにじる資本主義批判とともに、マルクスが働く者の人間的生活をどのようにとらえていたのかということがよくわかるキーワード——それが、疎外と物象化です。

『マルクス・エンゲルス』（DVD版、大月書店）

1　マルクスの思想のキーワード——疎外と物象化

　「疎外」と「物象化」は、マルクスの思想を理解するうえでとても重要な概念です。しかし、従来あまり重視されないか、無視されてきました。どうして、そうなったのでしょうか。その背景には、両概念をネガティブにとらえてきたロシア・マルクス主義の影響がありました。

　疎外についていえば、ロシア・マルクス主義では、1960年代半ば頃まで、マルクスの「疎外」概念は、共産主義思想を確立する以前の、若きマルクスのヒューマニズムの思想であるとみなされてきました。その影響は、陰に陽に日本のマルクス主義者にも及びました。

物象化についていえば、物象化を重視したルービン（1920年代のソビエト経済学研究所所長）が批判されたことにかかわっています。物象化を重視するのは、搾取論を覆い隠すものだという批判もなされました。日本の『資本論』研究は、ルービンを批判したローゼンベルクの『「資本論」注解』にかなり影響を受けたために、「物象化」概念については重視しないか、ほとんど無視することになってしまいました。

くわえて、ロシア・マルクス主義が、「物化」概念（ルカーチは「物象化」ではなく、「物化」の概念を用いています）を論じたルカーチの『歴史と階級意識』（1923年）をヘーゲル主義と批判したことも、物象化が毛嫌いされた一因にもなりました。日本では、1960年代に廣松渉が、彼独自の非マルクス主義的思想にもとづいて、「物象化」概念を解釈したこともよりいっそう、マルクス主義者からこの概念を遠ざけることになりました。

このような経緯があって、疎外や物象化への関心は、研究者の一部にはありましたが、それほど一般化していませんでした。近年、マルクスの思想を理解するキーワードとして研究者のあいだでは多くの議論がなされています。ここでは、疎外と物象化がマルクスの思想を理解するうえでなぜ大切なのか、どのような意義をもっているのかをみてみることにしたいと思います。

2　疎外——自分が自分でなくなること

仕事は、自らおこなった自己表現です。仕事をなし終えたときに、満ち足りた感じになり、喜びを感じます。その仕事が社会に役立っていることにも、生きがいを感じます。他の多くの人のためになっていることに喜びを感じ、社会とのつながりを感じるからです。

仕事と書きましたが、労働のことです。「労働」と書かなかったのは、職場の労働は、そうはなっていないからです。生活のための賃金を稼ぐ

手段になってしまい、労働では、人間的な喜びをなかなか感じられなくなっています。本当は、労働こそが人間の生活を支え、人間をつくりあげてきているにもかかわらず、そう感じられない現実があります。

　長時間労働で、労働者は疲労困ぱいし、翌日になっても疲れが残ります。先進国のなかで、日本で過労死がずば抜けて多いのも、超長時間労働が多いからです。「過労死」という日本語は、国際語にもなっています。安倍政権が2018年の通常国会で無理やり通した高度プロフェッショナル制度は、専門業務の労働者の時間の縛りをなくすものです。時間外労働の上限は月100時間未満の「歯止め」がもうけられていますが、これ自体、過労死につながる超過勤務といわれています。法案が成立すると、日本経団連は早くも、裁量労働制を拡大して、労働者一般に広げるよう促しています。

　労働者が長時間労働を受け入れるのは、労働者の賃金が低賃金だからです。基本給が安く、超勤手当を含めた給料でないと、生活できないからです。しかも、時間外労働は、労使協約によって、労働者が拒否できない仕組みになっています。

　低賃金・長時間労働が労働者の人間的生活をいびつなものにしています。労働は、もともと人間的生活の一部で、喜びを感じ、楽しいものであるはずであるのに。このいびつさが、疎外です。自分が自分でなくなっているからです。

　定義的に言うと、疎外とは、主体の活動とかかわって用いられる概念で、主体の活動やその所産が、自分にとって、よそよそしく疎遠になることを意味します。「疎遠になる」ということは、自分の活動や生活はどこまでいっても自分のものであるはずなのに、自分の意思とは異なって歪められ、いびつになるからです。

3　「疎外された労働」批判

経済学研究を始めたマルクスが、最初に重視した概念が「疎外」の概念でした。『経済学・哲学草稿』と「ミル評註」で、3点にわたって、疎外の事態を考察しています。最初が「疎外された労働」（『経済学・哲学草稿』「第一草稿」）です。次に「疎外された交通」（「ミル評註」）が、そして最後に、「疎外された人間的生活」（「第三草稿」）が考察されています。
　「疎外された労働」を、マルクスは4点にわたって特徴づけました。
　①　労働者からの労働生産物の疎外。労働生産物は、直接的生産者である労働者がみずからの人間的諸能力を対象化した証しであるはずなのに、「私的所有」（資本主義）のもとでは、それが資本家のものとなって、労働者とっては疎遠なものとして自分に対立したものになってしまっています。
　②　労働者からの労働の疎外。労働は、人間的諸能力の表出として労働者にとって人間的活動であるはずなのに、「私的所有」のもとでは、労働者にとって外的な、強制的な苦痛にみちたものになっています。たんに賃金を得るための手段なのです。
　マルクスは、労働の所産である生産物の疎外を「物の疎外」、自然の疎外（「人間から自然を疎外する」）として、人間的活動である労働そのものが疎外されることを「自己疎外」としてとらえました（「自己疎外」は、「ユダヤ人問題によせて」の論文で論じた「公人」と「私人」の自己分裂を継承したものです）。これら疎外の二つの形態の分析をとおして、マルクスは、疎外された労働が人間的あり方を疎外することを見抜きました。すなわち、
　③　人間からの類的存在の疎外。人間は、他の生物にない人間という類だけに特有な能力をもっています。それが「類的存在」という言葉に込められています。労働者は人間として、自由な目的意識的存在であるはずなのに、その生活、その能力は、彼の生存のための手段になってしまっています。そのことを、マルクスは「類的存在の疎外」として

■第6話　資本主義批判としての疎外・物象化論■

批判したのです。

④　人間からの人間の疎外。人間の「類的存在から疎外されているということの、一つの直接的な帰結は、人間からの人間の疎外である」(『経済学・哲学草稿』98頁) と語られていますが、その具体的な説明はまだできていません。

「疎外された労働」の考察で取り残した人間から人間の疎外を考察したのが、「ミル評註」です。そこでは、資本主義市場における「疎外された交通」が考察されています。

4　市場における「疎外された交通」批判

「ミル評註」で、マルクスは、諸個人が相互に社会的に交わり、活動を交換することを「交通」とみなしました。労働することが疎外ではないのと同じように、社会的交通そのものが疎外なのではありません。社会的交通は、社会的分業が発達した社会では、生活にとって必要なことです。マルクスが批判したのは、資本主義市場における商品交換という

『経済学・哲学草稿』（新メガ I-2 より）

交通のあり方が疎外されているという現実でした。

　資本主義的市場では、商品交換は、買い手と売り手のあいだでおこなわれます。売り手は、自分がもっている商品を買い手に買ってもらい、お金を得ます。買い手は、お金を支払って、欲しい商品を得ます。お金と商品を仲立ちとして買い手と売り手は結びついているわけです。

　売り手にとっては、お金を得ることが目的で、商品はそのための手段です。買い手は商品を買ってくれる人であれば誰でもかまわないわけで、お金を得るための手段にすぎません。

　買い手にとっては、欲しい商品を得ることが目的で、お金はそのための手段です。売り手は欲しい商品を売ってくれる人であれば誰でもかまわないわけで、商品を得るための手段にすぎません。

　マルクスは『資本論』で、商品交換が支配している資本主義的市場を論じたところで、「自由、平等、所有、そしてベンサム」と記しました。その意味するところは、市場では、買い手と売り手が自由にふるまい、他者を相互に手段として所有の交換（商品とお金）をすることが平等であるということです。「そしてベンサム」と付け加えたのは、この市場の論理が相手を利用し合うベンサムの「有用性理論」と一致しているからです。

　資本主義的市場における売り手と買い手の関係は、人格的な交わりではありません。商品の売買が目的であり、相手は相互に手段としてしかかかわらない転倒した関係になっています。この「転倒」は、二重です。売り手と買い手が互いを手段化するだけではなく、人格と人格との関係が物象と物象の関係という転倒した関係になっているからです。

　この関係では、自分がつくったものが他者のために役立っていることに喜びを感じることはできません。商品の売買だけが目的となっているからです。マルクスは、このような売り手と買い手の関係を「疎外された社会的交通」とみなしました。これは、のちに『資本論』で、「商品の物神性」として展開されることになります。

5 「疎外された人間的生活」批判

　「疎外された労働」と「疎外された社会的交通」は、経済活動のなかでひき起こされる「経済的疎外」です。マルクスは、「経済的疎外」の考察をしたあとで、さらに「疎外された人間的生活」を考察しています。
　人間の生活は、自らの能力を発揮して、衣食住など人間の欲求をみたす目的意識的活動で、労働によって媒介されています。生活は、労働生活や消費生活、自由時間（余暇）の生活からなる全体ですが、その全生活をとおして、自分を表現し、自分が自分であることの証しをえます。それが生活の「享受」です。享受とは、生活活動を通した欲求の充足であり、それに伴う生活の充実や喜びだからです。
　マルクスにとっては、労働生活も含めて、生活活動を「享受する」（楽しむ）ことが何より大切なことでした。人間的生活には、生活を楽しむことが欠かせません。生活の享受には、「見る、聞く、嗅ぐ、味わう、触感する、思考する、直観する、感覚する、意欲する、活動する、愛する」（『経済学・哲学草稿』136頁）といった人間的能力が伴います。音楽の感覚一つとってみても、それは、「人間的に享受する能力」をもった「人間の音楽的感覚」「音楽的な耳」によって呼び起こされるからです。
　しかも、享受は、欲求と結びついています。生活活動は、消費でも、労働でも、余暇でも、生活主体の欲求にもとづいて目的や目標をもっておこなわれ、その欲求が満たされることが享受です。マルクスは、「疎外された人間的生活」という主題のもとで、人間的能力とともに、「欲求」や「享受」の概念を掘り下げ、疎外された欲求、疎外された享受のあり方を批判しました。
　この時点で、マルクスが享受の疎外された形態として批判したのは、2つでした。一つは、資本家など、被勤労者の享受でした。非活動的な、

「享受のみに身をゆだねる」浪費のあり方、金儲けのために「休養」をとる資本家の「計算された、それゆえ経済的である享受」のあり方が批判されています。

もう一つは、「経済的疎外」のなかでひき起こされる欲求や享受のあり方です。人間的な欲求や享受が「粗野な欲求」「欲求の獣的な野蛮化、すなわち欲求の完全な、粗野な、抽象的な単純化」「直接的な一面的な享受」になっています。そのことを、マルクスは「疎外された人間的生活」として批判したのです。

6　人間が手段化される

『ミル評註』で、マルクスは、資本主義的市場では人間が手段化されることを批判しましたが、人間が手段化されるのは、資本主義社会ではいたるところにみられます。

企業が社員を正規雇用から非正規雇用に切り替える傾向は増え続けています（2017年現在、非正規雇用は全労働者の37.7％）が、企業の会計がしばしば派遣労働者を人件費ではなく、物件の品目で計上する異様な事態が長年続いていました。国会でも追及されましたが、これは、派遣労働者を「物扱い」する異常な感覚です。

これは、市場だけでなく、企業の生産現場でも、人間が商品生産のための手段として扱われている象徴的な出来事です。このように、人間が人格としてではなく、物象として手段化され転倒した関係を、マルクスは物象化として特徴づけました。

カントは、近代的人間観として「人格における人間性をつねに同時に目的として使用し、けっしてたんに手段として使用せぬように行為せよ」と語り、人間の尊厳、人格の尊厳を主張しました。カントのこの考えは、近代的人間観の理念を簡潔に定式化したものです。しかし、資本主義社会では、利潤を得ることが目的であって、人間はそのための手段

と化しています。

　商品や貨幣、資本という物象との関係で、人間が人格としてではなく、物象として、手段化された転倒した関係が物象化ですが、このような転倒した関係がひき起こされるのは、資本家と労働者という資本主義的生産関係においてです。物象化も、人間が手段化されることによって、自分でなくなっています。いびつな自分におとしめられています。その意味で、物象化は、疎外の一つということができるでしょう。

　『資本論』で、マルクスは、物象化や疎外を、利潤を最大化し資本蓄積に血眼になる資本の論理（マルクスの言葉でいえば、「資本の本性」または「資本の力」）と関連づけて語っています。「資本の力、すなわち生産的諸条件が現実の生産者にたいして独立化され資本家において人格化されたものは……疎外され自立化された社会的な力であり、この力が物象として、またこのような物象による資本家の力として、社会に対立する」（『資本論』第9分冊、449～450頁）、と。

　物象化も疎外ですが、疎外された労働や生活をひきおこす根本的な疎外としてとらえる必要があります。疎外は人間の活動にかかわった概念で、活動とその所産が人間にとってよそよそしくなり、疎遠になることを意味しますが、物象化は、活動の前提であり所産である人格相互の関係にかかわり、それによって疎外がひき起こされるからです。

7　資本の論理がひき起こす物象化

　『資本論』は、商品の分析から始まっています。商品のうちに、資本主義的生産の全秘密が隠されている、とマルクスは考えたからです。その「商品」章の最後は、「商品の物神性とその秘密」となっています。物神性は、人と人の関係が商品や貨幣といった物象と物象の関係として転倒して現われる事態をさしています。その結果、商品交換にかかわる当事者には、商品や貨幣が「物神崇拝」されることになってしまいます。

かつては、商品の物神性や物神崇拝が物象化と受け取られてきました。

それは、間違いではありません。商品の物神性も、物象化の一つだからです。しかし、物象化を商品の物神性だけで理解するのは正しくありません。このような理解が広まったのは、ロシア・マルクス主義や物象化を広めた廣松渉が、物象化を商品の物神性で理解したからです。

しかし、「商品の物神性とその秘密」の章だけで、マルクスの「物象化」の概念を理解するのは不充分です。『資本論』では、さらに貨幣の物神性、資本の物神性や、「物象の人格化と人格の物象化」「生産諸関係の物象化」が言及されているからです。『資本論』に先立つ『剰余価値学説史』には、「物象の人格化と人格の物象化」という用語とともに、「諸物象の主体化、諸主体の物象化」という用語も用いられています。

物象化は、人格の関係性にかかわっています。「物象の人格化」と「人格の物象化」は、一対の概念として表裏の関係にありますが、どちらもそれが意味することは、商品・貨幣・資本といった物象が「商品物神」「貨幣物神」「資本物神」として主体化し、人格が物象に隷属する転倒した関係になるということです。これが、物象化なのです。人格は物象に隷属し、物象の「具現者」となっています。人格が手段におとしめられています。

そうなっているのは労働者の人格だけではありません。資本家も同じです。マルクスは、『資本論』では再三にわたって、資本家は「人格化された資本」であるということを語っています。資本家は資本に従属し、資本の「具現者」となっていて、そのかぎりで、資本家は資本家であるのです。資本家も一人の人間としてみれば、疎外されているということができるでしょう。

資本家が「人格化された資本」であるというのは、資本家が資本の論理で動かされていることを意味しています。資本家が労働者を搾取するのも、市場で利潤追求に血眼になるのも、「人格化された資本」となっているからです。物象化は、資本の論理によってひき起こされます。そ

のことをきちんと見ておく必要があります。

商品の物神性は、資本主義的市場における物象化ですが、それだけではなく、物象化は生産過程でも生じます。マルクスは、生産過程における物象化を、『剰余価値学説史』で次のように語っています。資本主義的生産においては、「諸々の生産手段すなわち物象的な労働諸条件——労働材料、労働手段（および生活手段）——は、労働者に従属するものとして現れるのではなく、むしろ労働者がそれらに従属する。労働者が生産手段を使うのではなく、生産手段が労働者を使う。そしてそのことによって、生産手段は資本なのである。資本が労働を使うのである」（『マルクス・エンゲルス全集』26巻Ⅰ、496頁）、と。そして、この事態を「物象の人格化および人格の物象化」として特徴づけています。

さらに、マルクスは資本主義的「生産諸関係の物象化」も指摘しています。これはどういう意味でしょうか。労働者は、生産現場では搾取され、市場では消費者として利潤追求の対象となっていますが、それが物象に従属する転倒した関係として現れることが「生産諸関係の物象化」です。「生産諸関係の物象化」によって、搾取や利潤追求に血眼になる資本の論理が覆い隠されることになります。その結果、「資本主義的生産様式が神秘化」され、「物的な社会的諸関係」として、資本主義的生産関係が自然の関係のように現れます。

8　疎外はどのように克服されるべきなのか

物象化を含めて、疎外はどのように克服されるべきでしょうか。それは、実践的にしか克服されません。気持ちの持ち方では、解決できない問題です。疎外をひき起こしている資本主義的生産関係という経済構造を変革する必要があります。そのためには、自分が自分でなくなったり、手段化されるような現実を受け入れることはできないという価値意識をもって、疎外された現実の変革を目指すことが大切です。

しかし、疎外の克服は疎外された現実の全面的拒否ではありません。そのことを明確にするために、マルクスは「揚棄（止揚・アウフヘーベン）」という概念を用いています。

　「揚棄」は、もともとヘーゲルの弁証法を特徴づける概念です。「廃棄する」「保存する」「揚げる」といった意味を併せもつ「揚棄する」という言葉を、ヘーゲルは、観念論的立場からですが、後続するものが先行するものの自立性を否定しながらも、まったく無化するのではなく、その肯定的側面を自分のうちに契機として保存するという意味で用いました。

　マルクスは、ヘーゲルの概念を用いて疎外を克服することを「疎外の揚棄」と言い表しました。それが意味することは、疎外された現実を丸ごと拒否するというのではなく、疎外された否定的現実のうちに疎外を克服する新しい、未来の可能性を探し出して、それを実現することです。資本主義を批判しますが、そのうちにある肯定的契機は継承・発展させます。そのことは、『経済学・哲学草稿』における「私的所有（資本主義社会——筆者）の積極的揚棄としての共産主義」という表現にもにじみ出ています。

　疎外を揚棄するプロセスは、次のようになるでしょう。①疎外された現実を徹底的に批判します。②その批判をとおして、疎外された否定的現実のうちに可能態として「即自的」（潜在的）に含まれている肯定的諸契機を「対自化」し（それとして取り出し）、理念化します。③その理念によって疎外された現実を実践的に変革していきます。未来社会の理念は、たんなるユートピアではなく、現実のうちにあることをしっかりと見据えることが大切です。

　このことを、マルクスが資本主義的生産様式として『資本論』で再三語る「大工業」の例で考えてみたいと思います。

　マルクスは、「大工業」をマニュファクチュア（工場内手工業）との対比で、「機械システム」による生産の意味で用いています。機械システ

ムは、「原動機」と「作業機」、原動機のエネルギーを作業機に伝える「伝達機構」からなっています。発達した機械システムは、「一つの中央自動装置」によって制御されますが、今日では、オートメーション化がすすみ、コンピュータ・ＩＴによって個々の機械から独立し機械システム全体を制御する制御機構が採用されてきています。

　マルクスは、「大工業の資本主義的形態」をきびしく批判しました。それは、チャップリンが映画『モダンタイムズ』で描いたような、労働者が機械に従属する事態（物象化）をつくり出して、労働者への搾取を強めるものになっているからです。「大工業の資本主義的形態」は、経済効率やエネルギー効率には関心を払いますが、環境保護には無関心な機械システムをつくり出してきました。こういった「大工業のあり方」は、疎外された大工業といってよいでしょう。

　同時に、マルクスは、「大工業のあり方」とは区別して、「大工業の本性」を論じています。道具が時代を超えて継承されていくように、大工業も資本主義的生産様式を超えて継承されていきます。それが「大工業の本性」です。

　この継承は、今ある「大工業のあり方」をそのまま継承するのではなく、疎外された「大工業の資本主義的形態」を批判し、その機械システムを改良したり、他の機械システムに代替したりするなど、機械システムの変更を伴います。継承のさいには、環境破壊をひき起こす機械システムか、環境破壊をひき起こさない機械システムかということ、あるいは経済効率を高める協業・分業に沿った機械システムか、人間的・協働的な労働様式に沿った機械システムかといったことが大きな焦点になるでしょう。

おわりに

　マルクスは、生涯にわたって疎外され物象化された現実を批判して、

理論的に資本主義の経済的構造を解明し、それをのり超える共産主義運動にかかわってきました。疎外や物象化をのり超える理念を、たんなるユートピアとして語るのではなく、疎外され、物象化された現実のうちに見出そうとしたのがマルクスの一貫した姿勢でした。

マルクスが『経済学・哲学草稿』で疎外を論じながら、つかみとった人間観（疎外されていない人間のあり方）は3つにまとめられると思います。

一つは、人間という類の本性（「類的存在」）から、人間は目的や目標をもって労働や生活を享受する存在であるということです。これは、『資本論』で、労働や生産のあり方として中心的に論じられています。

二つめは、人間は「自然的存在」であり、自然のなかでしか生きられない存在であるということです。これは、『資本論』における、生活の基礎をなしている「人間と自然の物質代謝」やその「撹乱」（環境問題）の思想につながっていきます。

三つめは、人間は「協同的存在」で、労働でも、生活でも、他者と協力し、協働する存在であるということです。これは、『資本論』では、協同社会（アソシエーション）としての未来社会論につながっています。

このつながりについて簡単に結論的なことだけを記しましたが、人間が「類的存在」「自然的存在」「協同的存在」であるという視点は、資本主義の経済構造を解明した『資本論』のうちにも、豊かな人間観として展開されているといってよいでしょう。

〈参考文献〉
『経済学・哲学草稿』（岩波文庫）
「ミル評註」（『マルクス・エンゲルス全集』第40巻）
「ユダヤ人問題によせて」（『マルクス・エンゲルス全集』第1巻）
『剰余価値学説史』（『マルクス・エンゲルス全集』第26巻）

第7話

「資本主義の限界」と変革の展望

東　洋志

1　閉塞の根源を探る──マルクス200年と現代認識

　現在、閉塞状況が日本と世界を覆っています。格差・貧困の拡大、出口なき経済停滞、環境破壊、そして軍事大国化の動きも顕著です。世界の中心国で「アメリカ第一主義」を掲げるトランプ大統領が登場し、片や戦後平和主義を守ってきた日本において「戦後レジームの転換」を叫ぶ安倍政権が改憲を目論んでいます。状況は社会意識にも反映します。先の見えない不安感が蔓延しつつあり、それが排外的ナショナリズムの基盤にもなっています。こうしたことが同時に噴出しているところに、先進資本主義国の特徴があります。世界は、かつての高度経済成長と「豊かな社会」、安定した社会統合が大きく崩れ、激しい反動攻勢を含む深刻な閉塞状況に突入しているのです。
　現場の最前線で経営と対峙する労働組合活動家も、困難に直面しています。かつての運動高揚期と異なり、要求闘争が壁にぶつかっています。

■第7話　「資本主義の限界」と変革の展望■

また困難が増すほどに、活動家の視野も短期的なものに埋没させられる傾向があります。現在の私たちの立ち位置は、こうした現実に覆われています。問題は、閉塞の根源に何があるかが明確ではないことです。

これが、「マルクス生誕200年」をめぐる時代状況です。私たちは、このマルクス200年をどう迎えるべきでしょうか。古典を真摯に学ぶ大切さは言うまでもありません。加えて重要なのは、激動の時代の性格を、マルクスの眼で、マルクスの方法を導きの糸にして、自由闊達に議論し合うことです。経済・社会の現段階をトータルにつかむ「時代認識」「歴史認識」が求められているのです。

現代の資本主義経済がなぜ深刻な閉塞状況に陥ったのか。その背景には何があるのか。本稿では、この40年間の資本主義の動きを歴史的視野に入れつつ検討します。それは高度成長とその終焉が、現代資本主義の大きな画期だからです。現代をとらえる場合は、そのくらいの歴史的射程で考察することが求められます。

さらに閉塞状況の背景を考える場合、次のことが論点となります。政策の行き詰まりは重要ですが、そこに原因を解消することができるのでしょうか。筆者は、この背後に「体制」問題が表面化しつつあるのが現代の特徴だと考えます。本稿は、そうした課題意識の上に立って、現代の危機の意味――何が行き詰まったのか――を考察します。閉塞の根源が明らかになれば、変革の基本方向も見えてくるはずです。社会運動は、マルクス200年の今こそ、閉塞状況の根源をとらえ、その歴史認識の上に、変革の展望をアクチュアルに提起する必要があります。

2　経済危機の基礎にあるもの――市場の限界

現代の経済危機の基礎には、何があるのでしょうか。

前提となるのは、資本主義の果たした歴史的に進歩的な役割の認識です。資本主義は、人類の歴史の中で、かつてなく生産力を飛躍的に発展

させました。資本の集積・集中をとおして生産を社会化させ、資本主義的世界市場を形成しました。第二次世界大戦後の先進国では未曽有の高度経済成長が実現し、「豊かな社会」化が進みました。高度成長を背景に、ヨーロッパを中心に福祉国家的再分配も行われました。

　ここで提起したいのは、こうした資本主義のダイナミズム、進歩的役割を深く把握したからこそ導かれる、その「限界」という歴史認識なのです。それが、単純な「資本主義没落論」「万年危機論」とは異なるマルクスの先駆的な提起だと考えられます。それは具体的にどのようなものなのでしょうか。資本主義による生産力の飛躍的拡張ゆえにぶつかる深刻な壁とは何でしょうか。

　資本主義のシステムは、生産力を発展させ、あくなき利潤追求をその本性としています。資本主義の発展は、新産業部門と新商品を開発することによって、人びとの欲求を多様化し、国内市場を広く深く拡大していく過程です。1950～60年代における日本を含む先進国の高度成長は、その典型でした。この時期の経済成長は、民間設備投資主導の成長であり、電気冷蔵庫、自動洗濯機、テレビ、乗用車といった、耐久大型消費財がつぎつぎと普及していきました。しかしそうした先進国の高度経済成長が永遠に続くはずがありません。ある段階に達すると、国内市場は成熟期を迎えます。国民的欲求の広がりにも限界があるのです。生産力の急速な発展にもかかわらず、市場の拡大は行き詰まりに達します。その限界を超えて生産が無制限に発展する時、「過剰生産」が顕在化することになります。

　資本主義の下での生産の無制限の発展と大衆の消費制限——この矛盾こそ、現代の経済危機の深奥の根拠なのです。これによって過剰生産が引き起こされ、経済は急速に収縮し、企業倒産、失業などが深刻化します。ここで留意したいのは、生産力の不足が恐慌の原因ではないということです。逆です。資本主義の下では、生産力が無限に拡大するがゆえに、市場の限界と衝突せざるをえないのです。この点の認識は、私たち

が今後の社会の展望を考える場合に重要な意味をもちます。

　先進資本主義国は、1970年代の半ばに深刻な市場の限界にぶちあたりました。1974～75年世界同時不況はその画期です。この世界不況を契機に、先進国において、それまでのような高度成長は困難になります。成長至上主義は、深刻な壁にぶつかりました。

3　資本主義の制限突破
——新自由主義とバブル経済

⑴新自由主義の台頭——競争激化と貧富の格差の拡大

　しかし資本主義経済は、自動崩壊することはありません。こうした制限を突破して、ひたすら経済成長を追求していったのです。今日の経済の独自な性格を理解するためには、こうした資本主義の制限突破の過程とその帰結を把握することが重要です[1]。

　1974～75年の深刻な不況に直面した資本主義経済は、どこに活路を見出そうとしたのでしょうか。70年代後半から、先進国において大企業中心の政治経済システムが戦略的につくられます。それを象徴しているのが「新自由主義イデオロギー」の台頭でした。これは経済政策全般にわたるイデオロギーで、「大きな政府」にかわる「小さな政府」の主張であり、規制緩和・自由化、社会的弱者保護にかわる競争原理と自己責任の主張です。「市場にまかせれば経済はうまくいく」とする単純な考え方で、それまで先進国経済を主導してきたケインズ理論および福祉国家政策を打破し、大きく転換させる経済イデオロギーでした。これによって企業への公的な諸規制が撤廃されていきます。

　その底流には何があるのでしょうか。この時期の資本主義は、競争原理の回復によって市場の限界を突破しようとしたのです。新自由主義イデオロギーは、その後押しをしました。しかし市場の拡大が行き詰まった時期の競争は、限定された市場をめぐる生き残りをかけた厳しい競争に、その性格が変質します。競争に勝つために不採算部門が整理され、

正規雇用労働者の非正規雇用への転換がはかられました。その結果、賃金コスト削減の、「底辺に向かっての」競争に突入していきます。

こうした競争促進と同時に、大企業および富裕層への減税、累進課税の緩和が促進されます。規制緩和は資本の再編整理を促進し、さらなる独占化を進めました。こうして新自由主義は、一部の大企業および富裕層と勤労者との巨大な格差社会を生み出していきます。

新自由主義イデオロギーにもとづく「階級権力の再編」[2]は、先進国を中心に展開されました。代表的なのは、1980年代におけるイギリスのサッチャー、アメリカのレーガン、日本では中曽根内閣の政治です。まず戦闘的労働組合運動が抑圧されます。イギリスではサッチャーによる炭鉱労働者への弾圧、日本では中曽根政権が国鉄分割民営化を強行し、国労つぶしを推進しました。そして公的部門が縮小され、それまで民衆の運動によって勝ち取られてきた福祉、社会保障が切り捨てられました。大企業や富裕層、そして社会的強者のための政治経済システムが意識的につくられます。

新自由主義は、90年代以降の本格的なグローバル化のなかで、いっそう促進されます。国内市場の成熟化と長期不況が、大企業の多国籍化の背景となり、日本も中国での海外生産を飛躍的に増加させていきました。その結果、国際競争激化の中での資本による賃金コスト削減衝動が強まり、小泉構造改革の下、労働市場は規制緩和され、非正規雇用が広範につくりだされました。日本で問題になった労働者派遣法とその改悪も、労働市場の規制緩和の所産です。最近では、「働き方改革」によって労働時間規制の撤廃が推進されようとしています。

このように資本主義は、「底辺へ向かっての」競争を激化させ、貧富の格差を拡大しながら経済成長を追求する段階に立ち至ったのです。新自由主義への転換を、現代資本主義の制限突破の過程として、歴史的に位置づける必要があります。

■第7話　「資本主義の限界」と変革の展望■

(2)バブル絡みの経済成長

　高度経済成長が限界にぶつかって以降の、資本主義システムのもう一つの活路が「バブル経済」でした。バブルとは、土地や株など資産価格の高騰を背景に、実体経済と金融とが相互作用し、景気が持続的に拡大していく経済のあり方です。1980年代の日本のバブル経済、2000年以降のアメリカの住宅バブルこそ、その典型と言えます。ここでは後者の性格について、若干言及しましょう。

　2000年以降のアメリカ経済は、住宅価格上昇、株価高騰、住宅ローン拡大による好景気でした。不換制下の低金利政策を契機として、住宅ローン専業の金融機関が旺盛に貸し出しを行い、多くの人びとはローンで住宅を購入しました。それにより常に住宅需要が高まり、住宅価格が上がり続けることになります。それをもとに人びとは借り換えを行い、自動車、家具などの個人消費もさらに増大させました。裾野の広い大衆的消費が活性化し、それが起動力となって、実体経済が拡大したのです。生産する以上に消費する個人消費主導の経済活況が生み出されました。これがアメリカの「過剰消費」です。消費者ローンの拡大が、こうした過剰消費を支える条件であり、それによって市場の制限が突破されたことが重要です。さらに金融の重層的な証券化・国際化も、消費者ローンの拡大を促進し、過剰消費を支えました。そのような貨幣資本の自由な運動を、規制撤廃によって可能にしたのが金融自由化政策でした。バブル経済は新自由主義の所産でもあったのです。

　アメリカのバブル経済は、現代資本主義の歴史のなかでどのような位置にあるでしょうか。資本主義の発展期は、設備投資主導の経済成長の時期です。ところがアメリカのバブル経済は、消費者ローンによる個人消費に主導され、浪費に依存した経済拡大であるところに特徴があります。深刻なのは、ヨーロッパを含む世界経済全体が、こうしたアメリカの過剰消費に依存していたことです。これは資本主義の寄生的な、末期的な段階を示すと言えるのではないでしょうか。トヨタをはじめ日本の

大企業も、アメリカへの輸出を伸ばして、儲けを増大させました。日本経済は、アメリカの浪費に依存して、「実感なき景気回復」を遂げたわけです。

現代の資本主義は、バブル絡みでしか経済成長できない段階に至っていると考えられるのです。

4 バブル崩壊と新自由主義の破綻
——1974〜75年不況以降の成長構造の行き詰まり

(1) バブルの崩壊——2008年世界経済危機の意義

こうした新自由主義とバブルを軸とした約30年の成長構造を、74〜75年不況以降の高度経済成長の行き詰まり、その制限突破の過程として、統一的にとらえる必要があります。総資本を代弁する国家が、露骨な企業社会の論理によって、このような制限突破を戦略的かつ積極的に推進したのです。これらはある時期、一定の「効果」をあげました。アメリカを中心に景気拡大が実現したのも事実です。しかし2010年代以降、「新自由主義とバブル」の成長構造は、大きな壁にぶつかっています。

バブル絡みの経済成長は、2008年世界経済危機を契機に破綻しました。この経済危機を、「金融の一人歩き」の破綻、単純な金融危機として見る考え方がありますが、それは一面的でしょう。アメリカの住宅バブルは、実体経済そのものの持続的拡大の過程だったからです。ここでも、根底には〈生産と消費の矛盾〉、住宅や自動車などを中心とした過剰生産が横たわっています。アメリカ中心の世界経済、そして約30年にわたる新自由主義の行き詰まりが表面化したのです。それだけではありません。バブル経済に依存した現代資本主義システムの破綻、つまり「資本主義の限界」があらわになったと言えるのではないでしょうか。

アメリカ政府は金融機関を救済し、大企業に積極的な支援を行って破局的な経済危機は回避しました。しかしそれでも、新たな成長軌道をつくりあげるには至らず、経済の空洞化、いっそうの格差拡大がもたらさ

れています。さらに深刻なのは、アメリカの過剰消費が世界経済を支える構造が、2008年世界経済危機を契機に行き詰まったことです。近年のトランプ流「アメリカ第一主義」の台頭の背景には、こうしたアメリカ中心の世界経済秩序の揺らぎが横たわっているのです。

　ヨーロッパにも、2008年以降、経済危機が波及しました。その後、財政問題が深刻化し、緊縮政策が展開、社会保障や労働者の権利が切り崩され、社会解体が加速しています。日本は、異次元金融緩和によって円安株高誘導政策を継続させ、大企業利益に奉仕しつつ、しかし実体経済は長期停滞に陥ったままです。低金利政策が実体経済を拡大させるうえで、ほとんど効力を失っていることは、現段階の特徴です。金融と実体経済との相互作用がバブル経済の特徴だとするならば、そうしたバブル絡みの成長構造は行き詰まったと考えられます。

(2)新自由主義の破綻と格差・貧困の拡大

　新自由主義の破綻も表面化しています。資本主義の閉塞状況を検討する場合、以下の点が重大です。その一つは、格差・貧困の急速な拡大です。労働者階級の２割にのぼるワーキングプアの存在、若者の雇用不安、さらに子どもの貧困は深刻です。貧困の拡大は、労働規制緩和、社会保障切り下げなどの新自由主義政策を原因としています。その基礎には、74～75年不況以降の市場の限界の下での、企業間競争の激化があります。市場の限界の下での競争は、生き残りをかけた競争に転化します。それは労賃コスト切り下げを主要な契機とするものであり、際限がありません。グローバリズムは、そうした側面をいっそう促進します。つまり市場の制限を乗り越えていく資本主義の利潤追求衝動が、格差・貧困を拡大したと考えられるのです。バブル絡みの成長もまた、貧富の格差を拡大しながら、企業利潤を上昇させていく過程でした。

　資本主義の発展とは、企業業績、利潤率をその重要な指標としつつ、同時に、その下での労働者階級、勤労者の生活の向上を含んでいます。

一国国民経済の基礎は、労働者の雇用と生活だからです。資本主義の発展を、そうした総合的な見地から把握する必要があります。重要なのは、今日の格差・貧困問題が、単なる循環の一局面ではなく、循環を超えて持続的に拡大していることです。もし労働者の生活が歴史傾向的に悪化していくのだとするなら、これは新自由主義の破綻にとどまらず、資本主義そのものの歴史的限界として把握する必要があるのではないでしょうか。

(3) グローバル化の矛盾の顕在化

　2010年代の閉塞状況のもう一つの特徴は、グローバル化の矛盾の顕在化です。グローバル化は、先進資本主義国の高度経済成長の終焉、市場の成熟化のなかで、利潤第一主義の資本の制限突破として積極的に展開されていきました。それは新興国・中国の経済発展を促進し（「世界の工場」としての発展）、市場の拡大によって先進国の経済停滞を緩和させる役割も果たしました。

　しかし現段階において、先進国では、グローバル化による国民経済の空洞化、移民労働者の増大による雇用不安の加速という側面が前面に出始めています。「アメリカ第一主義」を掲げるトランプが大統領選に当選したのも、グローバル化による、かつての製造業拠点・ラストベルト地域の衰退が大きな要因となりました。ヨーロッパ諸国も同様の矛盾を国内に抱えており、たとえばイギリスのEU離脱を招いています。

　国際競争の激化も深刻です。グローバル化によって経済大国化した中国が、さらに産業構造を高度化しハイテク化しようとしているのが現段階の特徴です。それは世界のIT覇権国アメリカの国益と衝突します。それが米中貿易戦争の背景です。グローバル化が、調和的な国際分業を媒介するという経済学の通念は、ここでも大きく崩れようとしています。むしろ成長経済の行き詰まりを背景に、世界市場における国家間の対立が表面化しつつあるのです。

■第7話 「資本主義の限界」と変革の展望■

　このようなグローバル化の矛盾もまた、資本主義の限界との関連で位置づける必要があると考えます。

(4) 環境問題の深刻化

　加えてさらに長期的な意味で資本主義の閉塞を示しているのは、環境問題です。地球温暖化が進行し、生態系が破壊され、食糧危機、水問題も含む人類生存の危機が深まっています。さらに2011年3・11の原発事故は、人類が原発と共存できないことを悲劇的なかたちで示しました。

　背景には、浪費に依存した大量生産大量消費の資本主義体制の問題があります。その際、この30年で先進国における環境破壊が急速に深刻化したことが注目されます。近年の異常気象と自然災害の急増も、環境破壊の予想以上のスピードを物語っています。これは、低成長段階に入った資本主義が、バブル経済や浪費依存、グローバル化によって成長経済を持続させようとしたゆえに、いっそう環境問題を深刻化させたことを示しているのです。この間のトランプ大統領によるアメリカのパリ協定離脱は、そうした文脈における企業社会の論理の露骨な表現です。原発依存についても、日本の場合、石油危機以後のエネルギー政策面での制限突破の一環だったことを見ておく必要があります。

　環境破壊の現実から出発するなら、資本主義による絶えざる市場拡大、成長追求の経済が、もはや地球の生存と両立しない時代に入ったと考えられます。マルクス生誕200年の現代資本主義――それは、若きマルクスの予想を超える、資本主義体制の長期にわたる延命でした。しかし、その延命、大量生産大量消費の長期的継続、その世界的拡大ゆえに、地球を破壊するまでの環境問題の深刻さがもたらされたのです。

5　現代の危機の特徴——資本主義の行き詰まり

(1) 資本主義の柔構造と人間社会の危機

　このように、先進国を中心に「新自由主義とバブル」の成長構造が行き詰まり、経済停滞と同時に、人間社会の危機や環境破壊が進行していることが、現代資本主義の大きな特徴です。これを歴史的に、どのように位置づけるべきなのでしょうか。現代資本主義は、不換制など柔構造のシステムをもっているゆえに、経済の破局的な危機、体制的危機を回避することが可能です。新自由主義やグローバル化もまた、現代における資本の限界突破の一側面です。しかしこうした柔構造が体制的危機を回避する代償として、環境破壊や貧困問題にあらわれるように、「人間社会の危機」を深刻化させてきたと考えられるのです。資本主義は、その土台である人間社会の維持や自然環境から離れて存続することはできません。この領域が危機にさらされていることのなかに、〈資本主義の行き詰まり〉があらわれているのです。

(2) 成長経済の限界——資本主義の行き詰まり

　これらの基礎に何があるのか。それは、成長経済の行き詰まりです。上述のような危機は、ありあまる生産力を、資本主義が統御できなくなっていることを示しています。これが〈生産力と生産関係の矛盾〉です。市場の限界、生産と消費の矛盾は、その重要な構成要素です。

　しかも、成長経済の限界を突破してさらなる成長を志向していくことが、いっそう深刻な諸問題を惹き起こしている点が重要です。無制限に発展した生産力は、破壊力に転化し、環境問題として噴出します。

　「成長のための成長」こそ、資本の本性です。それが重大な歴史的限界にぶちあたっています。現代の閉塞状況は明確に〈資本主義の行き詰まり〉として把握されるべきです[3]。いま、グローバル化が進み、中

国をはじめとした新興国が急速に台頭してきています。にもかかわらず、先進国を中心とした資本主義の行き詰まりを、まぬがれることはできないのです。

(3)唯物史観の現代的意義

いま経済学に求められているのは、唯物史観の見地です。資本主義は、前向きな社会発展を推進するかぎりでは、その生命力を失いません。現代は、資本主義が成長経済の追求ゆえに、不況や経済停滞、浪費、貧困、環境破壊などをもたらし、進歩的な生命を喪失している時代ではないでしょうか。「資本主義の行き詰まり」とは、すぐれて唯物史観に関わる問題でもあるのです。最近の経済論壇において、こうした歴史観がぬけ落ちているのではないでしょうか。そのことが、危機の時代に経済学が長期的展望を切り拓きえない一つの要因だと考えられます。

6 変革への展望
——経済の民主的計画的コントロール

(1)計画的コントロールの意義

このように、現代の危機の性格が、成長経済の破綻、資本主義の行き詰まりにあるとすれば、求められる変革の基本的方向は、単なる政策論にとどまらず、体制のあり方を変革することではないでしょうか。

ただし生産関係の急激な転換は現状では困難です。資本主義は柔構造であり、簡単には体制的危機にならないからです。社会主義論、そしてトータルな体制変革論については、今後の集団的研究・討論にゆだねるとして、ここでは資本主義を乗り越えるうえで大きな意義をもつ変革の基本方向について言及します。

基本的な方向は、行き詰まっている成長経済・大量生産大量消費体制を変革することです。そしてその方向は、計画的コントロールによって進められる必要があります。それは何より、環境破壊の深刻な現実、貧

困などの人間社会の危機に迫られた変革だということです。とりわけ環境破壊、地球温暖化の危機を考慮に入れるなら、人類は2050年までにCO_2排出量を50％削減しなくてはならない課題に直面しています。先進国の場合、80％もの削減が求められます。これはもはや、市場や企業の自由に任せてなしうることではありません。目標と具体的プログラムをもった〈計画〉によってのみ遂行しうる課題です。

　市場に対立するのは、人間社会の論理であり、それにもとづく計画です。市場原理とは、人間の意志ではなく、私的所有にもとづく客観的な経済法則にまかせれば経済が調和的に均衡するという考え方です。それに対して、計画とは人間社会の論理による経済社会の目的意識的コントロールです。

　資本主義の成長期には、基本的に市場にまかせれば、社会全体は発展します。それに対して現代は、経済停滞、環境破壊、人間社会の危機によって、市場にまかせることができないことが明らかになった時代です。それが〈資本主義の行き詰まり〉のもう一つの意味です。資本主義の行き詰まりとは、言い換えれば「計画が迫られている時代」ということです。両者は、一体のこととして認識される必要があります。

　「計画が迫られている」という時代認識のもう一つの含意は、資本主義を否定した未来にではなく、さしあたり現実の資本主義社会の枠のなかから、計画を進めていく必要があるということです。それは市場を計画に置き換えていく過程であり、資本主義の枠の部分的突破の過程でもあるのです。そうした変革の積み重ねが、資本主義を乗り越える「生産手段の社会化」を準備すると考えられます。

(2) ありあまる生産力を勤労者の幸せのために

　大切なのは、ありあまる生産力を、私的利潤のためではなく、勤労者の幸せのために民主的計画的に活用していくシステムが探求されるべきだということです。現代資本主義の高い生産力を、人間が安心して暮ら

せる社会づくり、人間にとって必要な福祉、医療、教育にもっと大きくふりむけるべきです。自動車産業に依存した現代資本主義の産業構造のあり方を根本から変え、農業や自然エネルギー、そして医療・福祉産業を中心に転換させていくことが求められます。さらに、発展した生産力を、貧富の格差是正と労働時間の短縮に活用する方向も重要です。時短は新たな雇用を創出し、人間の自由な個性が開花する社会の条件となるでしょう。

　浪費に依存した大量生産・大量消費体制を転換させ、経済を計画的にコントロールするならば、貧困問題やさまざまな社会問題を解決していくだけの生産力水準を、先進資本主義国はすでに保持していると考えられるのです。

7　労働組合・社会運動の課題

(1)「資本主義の限界」の意識化

　危機を深めつつも、資本主義は自動崩壊することはありません。大切なのは社会運動の主体的な力です。労働組合・社会運動の自覚的活動家に求められていることは何でしょうか。

　現実の危機が人々に意識の変化を迫ります。その変化はすでに始まっています。しかし同時に、成長経済の行き詰まり、資本主義の限界というトータルな認識が自然成長的に広がることはありえません。資本主義および市場経済永遠論は、支配層により、危機の時代においていっそう再生産され、人々の中に浸透させられているからです。それだけではありません。トランプ政権や安倍改憲路線に見られる、行き詰まりの下での反動的打開の動きも顕著になっているのが現代の特徴なのです。

　いまこそ労働組合・社会運動の自覚的活動家たちが、資本主義の限界とポスト資本主義への展望を、勤労者のなかに学びと討論のなかから目的意識的に広げていくことが求められます。その際、活動家は、当面の

要求闘争や政策的対決をとおして、背後に横たわる「成長至上主義の限界」「資本主義の限界」を人びとに意識化させていく必要があります。

(2)成長至上主義からの脱却を

　あくなき利潤追求と経済成長至上主義、それと結びついた「競争が社会を活性化させる」という考え方——先進国を覆っているこうした企業社会の価値観、イデオロギーと決別する時期にきています。この考えは、先進国の市場が限界に行き着いた後、いっそう強く叫ばれたイデオロギーであり、そして少なからぬ人びとの意識の奥底に入り込んでいます。この成長至上主義の呪縛が、貧困や長時間過密労働をもたらし、競争原理を社会の隅々まで浸透させ、社会を解体させる一つの要因でした。
[4]　民間大企業労組のリーダーも、企業主義的統合のなかで、そうした成長至上主義の価値観を大企業経営者と共有しているのが現状です。大企業労組の資本への屈服の思想的要因の一つが、そこにあります。労働者の権利を拡充するためにも、成長至上主義からの脱却へ、そして経済の計画的コントロールへ、活動家の構想力が広がることが求められます。

　そもそも、「永遠の経済成長」という考え方に無理があります。発達した資本主義国が、なぜ常に前年度を上回る経済成長を追求し続けなくてはならないのか。経済成長のために人間が生きているのではありません。人間の幸せのために、豊かな生産力が活用されなくてはならないのです。経済成長はあくまで手段にとどまり、人類の目的にはなりえません。「国際競争のために労働者の賃金コストを切り下げる」という財界の転倒した理屈は、労働者や市民の幸せより経済成長が重視される資本主義システムの非人間性を、何より雄弁に物語っています。さらに、ひたすら経済成長を求めて、大量生産・大量消費が永続してしまったら、地球環境は破滅に向かうでしょう。

(3)運動による資本規制の経験が、新たな社会を準備する

　資本主義の行き詰まりのもとで、ますます大切になっているのが労働組合、社会運動による下からの資本の民主的コントロールです。この間、新たな芽が生まれています。2000年代以降、反貧困の社会的労働運動が展開されてきました。眼を世界に転ずるなら、アメリカの労働運動が注目されます。2008年世界経済危機後、ウォールストリート占拠運動、そして地域を基礎としたの最賃15＄運動など、社会運動と労働運動のダイナミックな結合が展開されています。そうした基礎の上に、「民主的社会主義者」サンダースの大統領選挙での躍進が実現しました。第二次大戦後、こうしたラディカルな階級闘争が世界資本主義の中心国において展開されたことは、かつてなかったことです。ヨーロッパでも反緊縮運動の新たな展開が見られます。この一連の労働運動、社会運動の展開のなかに、現代における〈資本主義の行き詰まり〉の反映と、それを打破する新たな芽を見ることができるのではないでしょうか。変革の酵母は、現代資本主義の胎内に孕まれているのです。こうした芽を、さらに強め、育てていくことが求められます。

　資本主義の民主的計画的コントロールという長期的展望論の上に立って、日常的な資本規制の経験を蓄積していくことが大切です。労働組合の職場、地域、産業における日常活動が、その舞台です。そして、こうした土台の上に、新自由主義を打破する資本への強力な政治的コントロールをつくりだしていくことが課題です。

　さらに成長経済の行き詰まり、環境問題など文明的危機の現実を直視するなら、労働組合が広い視野から市民運動、ＮＰＯとの連携を追求することが、いよいよ大切になっています。日本の労働運動が脱原発運動、平和運動との共同を模索した経験は、その意味できわめて貴重な萌芽でした。既存の成長至上主義経済を根本から問い直すという意味でも、労働組合には「社会的労働運動」としての新たな質が期待されているのです。

資本主義の枠を乗り越えていく長期的な構想力をもった社会運動のあり方が、いまこそ求められています。そのような歴史認識をもたないかぎり、当面の要求闘争をたたかいぬくことが困難な時代を、私たちは生きているのではないでしょうか。私たちの日々の地道な運動は、マルクスが切り拓いた「資本主義の限界とその変革」という壮大な歴史理論と結合されるべきだと考えるのです。労働者教育運動の重要な役割の一つは、この点にあるのではないでしょうか。

〈注〉
（１）本稿では「生産力を絶対的に発展させようとする資本の傾向と、資本の本性から生じる生産の資本主義的制限との矛盾」を、「生きている矛盾」としてつかむことを重視しています。資本による制限突破の過程と、それが新たな限界にぶつかるダイナミズムを把握することが大切です。この論点を先駆的に提起した久留間鮫造編『マルクス経済学レキシコン７』栞（しおり）（大月書店、1974年）参照。
（２）デヴィッド・ハーヴェイ著『新自由主義―その歴史的展開と現在』（渡辺治監訳、作品社、2007年）参照。
（３）資本主義の限界を考える上で、久留間健著『資本主義は存続できるか』（大月書店、2003年）は、きわめて示唆に富む書籍です。筆者も多くのことを、この本から学んでいます。
（４）熊沢誠著『働き過ぎに斃れて』（岩波書店、2010年）、森岡孝二著『過労死は何を告発しているか』（岩波書店、2013年）には、現代における労働者支配のメカニズム＝「強制された自発性」（熊沢誠）によって、長時間労働に絡めとられる労働者の状況が描かれています。こうした労務管理変質の背景には、成長経済の限界の下でもなお、あくなき利潤追求を続ける資本の本性があり、競争激化がそれを促進する現実があります。

社会変革と未来社会

第8話

労働者階級の成長・発展と
マルクス・エンゲルス

妹尾典彦

はじめに

　いま全国で「市民と野党の共闘」が発展してきています。憲法改悪反対、国政私物化疑惑の徹底究明、原発再稼働反対、沖縄米軍新基地反対…、たたかいの領域はひろがっています。そしてこのたたかいに参加している市民の圧倒的多数は労働者です。2015年の安保法制＝戦争法反対のたたかいも、労働者の家族も含めた労働者階級が立ち上がってこその大闘争でした。マルクス生誕200年のいま、私たちはこの日本で労働者階級の成長・発展を実感できる地点に立っているのではないでしょうか。
　戦争法が強行された2015年９月19日その日に、「戦争法廃止の国民連合政府」を日本共産党が提唱し、多くの市民から歓迎されました。戦争法成立で、たたかいが挫折することはありませんでした。そこから野党の選挙協力が進みはじめます。2017年９月の衆議院解散に際して、希望の党が結成され、そこに民進党が「合流」するという、それまでの共闘

■第8話　労働者階級の成長・発展とマルクス・エンゲルス■

を破壊する突然の逆流と分断が持ち込まれましたが、日本共産党が「逆流と断固たたかう」「共闘を決してあきらめない」という態度表明を行ったことに、市民は積極的に応え「市民と野党の共闘」は鍛えられ発展し、選挙での共闘勢力の前進につなげることができました。事実から出発し全面的連関のなかでものごとをとらえ、今の日本社会の主要な矛盾は何かということを握って離さない科学的理論が、階級闘争の節目節目で大きな力を発揮しているといえるでしょう。

　科学的社会主義の創始者であるマルクスとエンゲルスは、資本主義変革の条件の核心は労働者階級の成長・発展であると考えていました。そして、労働者階級の成長・発展にとって決定的に重要なことは、労働者階級と科学的理論との結合であることをくり返し指摘しています。この小論では、マルクス・エンゲルスが、労働者階級の成長・発展にどんなに信頼を寄せていたか、労働者階級と科学的理論との結合にどんなに心を砕いたか、ということをたどり深めることで、現代を生きる私たちが社会変革の条件を考える基礎を固めたいと思います。

1　マルクス・エンゲルスの青年時代の思想形成

二人の生い立ち

　マルクスもエンゲルスも、ドイツのプロイセン領ライン州に生まれました。ライン州は、フランス革命後、一時期ナポレオン軍によって占領されていたこともあり、封建的なドイツのなかでは資本主義的な工業や商業が一定発展していた地方でした。マルクスは1818年5月、トリールの弁護士の家に生まれ、エンゲルスは1820年11月、バルメンの紡績工場主の家に生まれています。マルクスは、ボン大学に入学しますが、やがてベルリン大学法学部に転学します。そこで、青年ヘーゲル派の"ドクトル・クラブ"に入会し、進歩的な哲学者として出発します。エンゲルスは、父によって学業を途中で断念させられ、父の工場の帳場などで働

かされますが、そこで労働者が悲惨な状態にあることに強い関心をもちます。

革命的民主主義者として──マルクス
　マルクスが"ドクトル・クラブ"に入会した1837年当時、青年ヘーゲル派の中での議論の中心は宗教への哲学的批判でした。しかし、年若いマルクスの関心は政治的・経済的な社会の現実に向いていました。1841年に博士論文「デモクリトスの自然哲学とエピクロスの自然哲学との差異」を書き上げていますが、その序言でマルクスは、ギリシャ神話の英雄プロメテウスへの共感を述べています。プロメテウスは、人間に火と知恵を与えたために、最高神ゼウスの怒りを買い、遠いコーカサスの岩山にくさびでつながれ、大鷲に彼の肝臓を食わせ、夜の間にふたたび肝臓が元どおりに回復するという絶えることのない苦痛を与えられたとされます。マルクスは、命がけで神々と敵対して、人間に火と知恵を与えたプロメテウスの精神で勤労人民に近ずこうとしたのです。
　プロイセンで反動化が進むなかで、マルクスは当初めざした大学の教職をあきらめ、ジャーナリストとして反動と対決する政治闘争に入っていきます。1842年にライン州の自由主義的なブルジョアジーが創刊した『ライン新聞』に協力し、その年の10月には編集長になります。プロイセンの検閲とたたかいながら、窮乏に苦しむ勤労人民に味方し、革命的民主主義者として活躍します。その一つが「木材窃盗取締法」に反対する論文です。これまで農民たちは地主所有の森に入って枯れ枝を拾うことが慣習的に認められてきました。ところが資本主義化が進むなかで、地主たちはそれを「窃盗」として禁止し、森に入る農民たちを暴力で追い払ったのです。マルクスは、生きている枝を切り落とせば窃盗だが、枯れ枝はすでに所有から切り離されたものだから窃盗にはならないと、農民を擁護する論陣を張ります。のちにマルクスは、「これらのことが私が経済問題にたずさわる最初のきっかけとなった」と述べています

(『『経済学批判』への序言・序説』12頁)。マルクスの目は、常に勤労人民に向けられていました。

労働者の中へ——エンゲルス

　エンゲルスは、1838年、父の命でブレーメンに商人の修業に出されます。敬虔派のキリスト教徒である父親による束縛から解放されたエンゲルスはペンをとります。1839年、「ヴッパータールだより」という論説を匿名で書き、雑誌に投稿します。そこでエンゲルスは、故郷バルメンを含むヴッパータール地方で工場労働者を含む下層階級がいかに惨めな状態に置かれているかを明らかにし、工場主の責任を告発するとともに、貧困な生活に耐えることを説く宗教を批判しました。

　いったんバルメンに戻りますが、1841年、今度は兵役のため１年志願兵としてベルリンへおもむきます。そこでベルリン大学の聴講生となり、反動哲学者シェリングを痛烈に批判する著作を書き、青年ヘーゲル派に近づきます。1842年に創刊されたマルクスらの『ライン新聞』にも寄稿しています。しかし、青年ヘーゲル派が純粋理論的には封建的反動に敵対するのに、勤労人民の政治闘争には反対するのを見て、エンゲルスは青年ヘーゲル派に距離を置くようになります。

　1842年、エンゲルスは１年の兵役期間が終わってベルリンをあとにし、バルメンにいったん戻りますが、すぐマンチェスターにある父親が共同経営していたエルメン・アンド・エンゲルス紡績工場で事務員として働くためにイギリスへおもむきます。途中、『ライン新聞』編集部のあるケルンに立ち寄りマルクスとほんの少しだけ出会っています。マンチェスター到着後まもなく、エンゲルスは、アイルランドの労働者娘メアリ・バーンズと出会い、共同生活をするようになります。エンゲルスはメアリとともに、マンチェスターの労働者地区を歩き回り、多くの労働者家族と知り合いになり、労働者の生活を直接知ったり、労働者の集会にも参加しました。1843年には、当時の労働者共産主義組織「正義者同

盟」と接触したり、労働者階級の最初の政治運動であるチャーティストの指導者とも懇意になっています。

2 プロレタリアートの発見
――「ヘーゲル法哲学批判序説」

パリへ――『独仏年誌』の発行

　1843年3月、反動的なプロイセン政府は『ライン新聞』の発行を禁止します。マルクスは『ライン新聞』を去り、6月にイェニーと結婚し、2人は10月末にパリに到着します。アーノルト・ルーゲとともに新しい雑誌『独仏年誌』を発行するためでした。ルーゲは、青年ヘーゲル派の一人ですが、封建的ドイツでのたんなる哲学的批判にとどまらず、人民の参加する民主主義のためのたたかいに踏み出して弾圧され、投獄された経験もありました。

　『独仏年誌』というタイトルは、当時彼らに影響を与えていた青年ヘーゲル派の代表者フォイエルバッハが「哲学者にはフランス人の実践的気質とドイツ人の理論的気質の両方が必要だ」という趣旨を述べたことにルーゲとマルクスが共感したことから名づけられたものです。ここにもたんなる哲学的批判にとどまらず、実践に踏み出そうとするマルクスたちの意気込みがうかがえます。

　『独仏年誌』は1844年2月末に第1・2号の合併号がパリで発行されます。そこには、マルクスの「ヘーゲル法哲学批判序説」と「ユダヤ人問題によせて」、エンゲルスの「国民経済学批判大綱」と「イギリスの状態、トマス・カーライル『過去と現在』」が掲載されています。

パリでの労働者との交流

　パリは、マルクスにとって初めての体験にあふれていました。フランスでは1800年ころから産業革命が進行していて、資本主義的発展が後進国ドイツよりはるかに進んでいました。労働者階級もすでにたたかいに

立ち上がっていました。1831年と1834年には、繊維工業の中心地であるリヨンで最初のプロレタリアートの蜂起があり、流血のうちに鎮圧されています。首都パリでのプロレタリアートの窮乏は深刻で、労働者たちはわずかな賃金で暗く息苦しい工場で長時間酷使され、労働者家族は不潔で寒くかびくさい地下室で暮らしていました。労働者は秘密組織をつくったりしてたたかいはじめています。そのパリで、マルクスは資本主義の現実と労働者階級に出会ったのです。

マルクスは、パリの労働者と直接接触しています。労働者の集会などにも参加しています。ドイツ人労働者の秘密結社である「正義者同盟」とも接触し、考え方に賛成はできませんでしたが意見交換しています。そうしたなかで、労働者階級の高い道徳的資質に信頼を深めていきます。当時、進歩的なヒューマニズムに立つ思想家たちは、労働者階級を苦しんでいる階級、救済すべき階級としてしか見ていませんでした。マルクスは、労働者階級が自らを解放する階級として急速に成長していくことに確信を深めていきました。少し後になりますが、1844年8月のフォイエルバッハへの手紙では次のように述べています。

「注目すべき現象は、18世紀とは逆に信仰心が中流階級や比較的上流の階級に、信心嫌いが――といっても自分を人間として感じとる人間の信心嫌いですが――フランス・プロレタリアートにはいりこんだということです。これらの働き疲れた人々のあいだに呼びおこされている処女のような新鮮さや品格が信じられるようになるためには、あなたもフランス労働者の会合の一つに出席してみなければならないでしょう」（『マルクス・エンゲルス全集』第27巻369頁）。

「ヘーゲル法哲学批判序説」

プロレタリアートの歴史的役割にかんする当時のマルクスの見解を力強く提起したのが、『独仏年誌』に掲載された「ヘーゲル法哲学批判序説」でした。

マルクスは、遅れた封建的なドイツで資本主義が発展しつつあり、ドイツでは遅れた旧制度による欠陥と資本主義の発展による欠陥とが結びついていると、現状を述べたうえで、「ドイツの解放の積極的な可能性はどこにあるのか？」と問います。そして、その解答はプロレタリアートだと答えるのです（『ユダヤ人問題によせて／ヘーゲル法哲学批判序説』94頁）。

その上で、次のように科学的理論とプロレタリアートとの結合を提起します（ここでは「哲学」は「科学的理論」、「揚棄」は「解放」と読み替えてよいでしょう）。

「哲学がプロレタリアートのうちにその物質的武器を見いだすように、プロレタリアートは哲学のうちにその精神的武器を見いだす。そして思想の稲妻がこの素朴な国民の土壌のなかまで底ぶかくはしったとき、はじめてドイツ人の人間への解放が成就されるであろう」（同95頁）。

「ドイツ人の解放は人間の解放である。この解放の頭脳は哲学であり、それの心臓はプロレタリアートである。哲学はプロレタリアートを揚棄することなしには実現されえず、プロレタリアートは哲学を実現することなしには揚棄されえない」（同96頁）。

マルクスは、最も矛盾の深いドイツにおける人間解放の条件を考えていましたが、それは生まれ出たばかりのプロレタリアートの成長・発展であり、プロレタリアートと科学的理論との結合が不可欠だということでした。それは、おそらくパリでの各国労働者との交流のなかで確信となったことなのでしょう。つまり、社会変革の条件がプロレタリアートの成長・発展であるということは、資本主義が発展しつつあるすべての国にとっていえることだとマルクスは考えていたといえるでしょう。

マルクスはこの論文のなかで、革命について次のように述べています。

「物質的な力は物質的な力によってたおされなければならない。しかし理論もそれが大衆をつかむやいなや物質的な力となる。理論が大

衆をつかみうるようになるのは、それが人に訴えるように論証をおこなうときであり、理論が人に訴えるように論証するようになるのは、それがラディカルになるときである。ラディカルであるとは、ものごとを根本からつかむことである」(同85頁)。

権力を倒すには、物質的な力＝客観的な力が不可欠です。理論が大衆の心をとらえ、理論と大衆が結合されるなら、それは物質的な力になるというのです。マルクスは、そのような物質的な力となるような科学的な理論をつくりあげ磨き上げることに生涯をかけることになるのです。

シュレージエンの織布工の蜂起をめぐって──「批判的論評」

1844年6月、当時プロイセン領だったシュレージエンで数万の織布工が過酷な搾取に反対して蜂起しました。プロレタリアートが立ち上がり、3日間にわたりプロイセン軍と死にものぐるいでたたかったすえ鎮圧されたのです。

これまでマルクスとともに同じ道を歩んできたルーゲは、この織布工の蜂起を侮蔑的に扱い、プロレタリアートの力を否定します。ルーゲの見解は、パリで民主主義的ドイツ人亡命者が出している新聞『フォルヴェルツ！』に発表されました。

マルクスは、同じ『フォルヴェルツ！』に反論を書きます。「論文『プロイセン国王と社会改革──一プロイセン人』(『フォルヴェルツ！』第60号) にたいする批判的論評」です。マルクスはこの「批判的論評」のなかで、シュレージエンの織布工の蜂起がたんなる無自覚な暴動ではなく、理論的で意識的な性格をもっていたことを明らかにします。それは、蜂起のなかで、私的所有の社会にたいする敵対の歌が歌われたり、会計帳簿が焼き捨てられるなど目の前にはいない銀行家に対しても攻撃が向けられていたことなどに表れていました。そしてドイツ労働者一般の教養が非常に高いことを、裁縫師だったドイツの労働者共産主義者ヴァイトリングを例に指摘し、ドイツのブルジョアジーの文献の「気のぬけて

元気のない平凡さ」と比べて、ヴァイトリングの著作を「並はずれた輝かしい文筆上の登場ぶり」だと賞賛し、さらに次のように述べています。

「プロレタリアートのこの巨大な子供靴と、ドイツ・ブルジョアジーのはきふるされた政治靴のちっぽけさとくらべてみたまえ。そうすれば、このドイツのシンデレラがいまに大力士になる、と予言するにちがいない」(『マルクス・エンゲルス全集』第1巻442頁)。

ここには、労働者階級が必ず巨大な力をもつ存在に大きく成長・発展するという確信が述べられています。

エンゲルスとの共同——『聖家族』

ブルーノ・バウアーは、当時の青年ヘーゲル派のリーダーであり大きな影響力をもっていました。そのバウアー兄弟とその一派たちは、人民大衆を軽蔑し、自分たち知識人たちこそ歴史を形成する力をもつものだと主張していました。マルクスは、歴史を前に進めるためには、バウアー一派のこの主張を突き崩し、プロレタリアートが自らを解放する使命と能力をもっていることを明らかにしなければならないと考えました。

マルクスがこの仕事にとりかかったちょうどそのころ、1844年8月末、エンゲルスがイギリスからドイツに帰る途中、パリに立ち寄り、10日間滞在しました。『独仏年誌』でお互いの考えを知り、強く共感し合っていた2人は、果てしない討論を通じてすべての理論問題で意見が一致していることを大きな喜びをもって確認することができました。マルクスは、エンゲルスをパリの仲間たちに紹介し、2人はいっしょに労働者の集会や会合に参加します。エンゲルスは、パリ滞在中にマルクスが執筆中のバウアー一派に対する論争書に協力論文を書きました。マルクス・エンゲルスの共著『聖家族』は、1845年2月に刊行されます。

この中でマルクスは、労働者階級は、資本主義社会のなかで占めているその経済的、社会的、政治的な地位のゆえに、自らを解放する使命をもっているとして、「プロレタリアートは自分自身を解放することがで

■第8話　労働者階級の成長・発展とマルクス・エンゲルス■

きるし、また解放せざるをえない」と述べています（『マルクス・エンゲルス全集』第2巻34頁）。

3　エンゲルス『イギリスにおける労働者階級の状態』——労働者階級の成長・発展を示す

エンゲルスによる社会主義の基礎づけ

　パリでマルクスとの理論的一致を確認したエンゲルスは、1844年9月にドイツの故郷バルメンに戻り、『イギリスにおける労働者階級の状態』の執筆にかかります。この書は、「資本主義とブルジョアジーにたいするおそるべき告発状」として知られますが、その重点はイギリスの労働者階級の窮乏状態を描写することではありませんでした。非人間的な状態に落とされた労働者階級がどのように成長・発展し、未来を自分たちのものとすることができるのかを示すことがこの書の核心でした。そういう意味で、この書は決してたんなるルポルタージュではなく、資本主義の現実から出発した社会主義の必然性をエンゲルスが基礎づけたものといえます。エンゲルスはこの書の「序文」に「労働者階級の状態は現在のあらゆる社会運動の実際の土台であり、出発点である」（『イギリスにおける労働者階級の状態』上17頁）と記しましたが、この書によって、マルクス・エンゲルスの間で一致し、これから仕上げられていく社会主義理論の土台をすえたのでした。

怒りを原動力に成長する労働者階級

　エンゲルスは、当時のイギリスの労働者についての公式・非公式の文書を研究しただけでなく、労働者の家々を訪ねて調査した結果もふまえて、労働者の生活状態、居住環境、職場の実態などを生々しく描写しています。そのなかでくっきりと浮かび上がってくるのは、労働者の怒りです。エンゲルスはこう述べています。

　「動物のようにあつかわれている労働者がほんとうに動物になった

り、あるいは、権力を握っているブルジョアジーにたいして憎悪を燃やし、たえず心のなかではげしく怒っていることによってのみ、人間らしい意識と感情をもちつづけることができるのも、当然のことである。彼らは支配階級にたいして怒りを感じているかぎりにおいて人間なのである。彼らにかけられている首かせを我慢し、その首かせを自分でこわそうとせず、首かせをつけたままの生活を快適だと思うようになるとすぐ、彼らは動物になる」(同176頁)。

「人間を愚鈍にするには工場労働ほど良い方法はない。それにもかかわらず、工場労働者がその知性を腐らせないだけでなく、ほかの人以上に知性をみがきあげ、とぎすましているとすれば、それはやはり、みずからの運命とブルジョアジーとに反逆することによってのみ、可能となったのである——この反逆だけが、労働者が働きながら考え、感ずることのできた唯一のものであった。そしてもし、ブルジョアジーにたいするこういう怒りが労働者の支配的な感情にならないときには、その必然的な結果は飲酒であり、また一般にふつう退廃と呼ばれているすべてのものである」(同257頁)。

エンゲルスは、退廃に陥る労働者を責めてはいません。それはブルジョアジーの責任だからです。しかし、労働者はみんな退廃に陥るわけではありません。怒りこそが労働者を真の人間にします。労働者階級は怒りを原動力に成長するのです。

労働者階級の知的発達に注目

エンゲルスは「労働運動」の章で、個人的な盗みから出発して、機械打ちこわし、労働組合とストライキ、そして政治闘争へと進む労働者階級のたたかいの歴史的な発展をたどっています。そのなかで労働者の学習にも注意を向けています。労働者階級の最初の政治運動といえるチャーティスト運動や社会主義者たち、労働組合などは、労働者の精神的教養を高めるための学校や読書室を自分たちの力でつくっていました。ブ

ルジョアジーはこれを危険だと考えて、ブルジョア的知識を与える「職工学校」をつくりましたが、労働者たちはプロレタリア的な読書室の方に行きます。プロレタリア的機関や社会主義的機関が、自然科学や美学、経済学の講義を行い、多くの労働者が学習していました。エンゲルスは労働者の知的発達を見て、労働者階級こそが科学を身につけ、未来をひらく力をもった階級であることを確信したにちがいありません。エンゲルスは次のように、ブルジョアジーの貧弱な精神に対比させて、労働者階級の知的発達を賞賛しています。

　「イギリスのプロレタリアートが自主的な教養を身につけるのにどれほど成功しているかということは、最近の哲学や政治学や詩のうちの画期的な作品を読んでいるのがほとんど労働者だけだということによって、とくにしめされている。ブルジョアジーは社会状態と、それと結びついている偏見にとらわれているので、実際に進歩の基礎となるすべてのものの前では、恐れおののき、おはらいをし、十字をきる。プロレタリアはそれらのものにたいして目をひらき、喜んでこれを研究し成果をあげている」(『イギリスにおける労働者階級の状態』下79頁)。

感動をこめて書いた鉱山プロレタリアートのたたかい

　「鉱山プロレタリアート」の章は、この書の中の圧巻です。この章の最後に述べられた1844年の大闘争は、卑怯な手を使ってくる鉱山主にたいして、4万人の鉱山労働者が5ヵ月にわたってストライキをたたかったすえ敗れたものですが、労働者階級の底力を示したたたかいでした。エンゲルスは、そこに示された忍耐・勇気・英知・熟慮に感動し、労働者階級の未来を強く確信しています。

　「なんというたたかいであったことか——目に見える生身の敵にたいするたたかいでなく、飢餓と窮乏、困窮と宿なし生活にたいするたたかい、金持ちたちの野蛮さに挑発されて発狂しそうになっている自分自身の激情にたいするたたかい——もし彼らが暴力に訴えていれば、

武器をもたない彼らは皆殺しにされ、数日のうちに鉱山主の勝利は確定していたであろう。彼らが法律を守ったのは警官の棍棒を恐れたためでなく、熟慮したためであり、労働者の知性と自制心の最善の証明であった」（同103頁）。

このようなたたかいに耐え抜くことのできる労働者階級の未来はまちがいないとエンゲルスは実感したにちがいありません。

4 『共産党宣言』
——労働運動と科学的理論の結合過程の成果

初期の共産主義的労働運動の発展

マルクスたちの科学的理論は、一方的に労働運動のなかに持ち込まれたわけではありませんでした。すでに労働運動の発展のなかで科学的理論を必要とする状況が生まれていました。また、マルクスの理論自体も、労働運動との交流を深め、実践的課題が明確になるなかでつくりあげられたものだといえます。

エンゲルスは1885年に書いた「共産主義者同盟の歴史によせて」のなかで、初期の共産主義的労働運動の発展の経過をまとめています。1836年、当初パリでドイツ人亡命者たちがつくった陰謀団的な秘密結社だった正義者同盟は、徐々に国際的な性格を獲得し、一揆主義を脱し、ドイツの労働者階級のなかに根をおろしていきました。まだ「平等」と「友愛」と「正義」を主張する粗野な労働者共産主義ではありましたが、ヴァイトリングの理論をもつプロレタリアートの運動となっていきます。エンゲルスは、1843年にロンドンで出会った３人の正義者同盟の活動家、カール・シャッパー、ハインリヒ・バウアー、ヨーゼフ・モルのことを「私が見た最初の革命的プロレタリア」で、考え方はかけ離れていたが「この３人の真の人間からうけた堂々たる印象を、けっして忘れることはないだろう」と感動をもって回想しています（『マルクス・エンゲルス全集』第21巻212頁）。さらにエンゲルスは、同盟員たちが近代プロレタ

■第8話　労働者階級の成長・発展とマルクス・エンゲルス■

リアートではなく、裁縫師や靴工、時計工、植字工といった職人たちであったにもかかわらず、自分たちプロレタリアートの将来の発展を本能的に予見し、プロレタリアートの組織を結成することができたことを「彼らの最高の名誉」だと高く評価しています（同216頁）。

その後、1845年2月から1846年1月にかけて、正義者同盟のロンドンの指導者たちのなかで、ヴァイトリングを交えて徹底した討論が行われ、はっきりとヴァイトリングの労働者共産主義では労働者階級の解放は不可能であるという結論を出すにいたります。民衆のあいだに資本主義が永遠であるという幻想がひろげられているなかで、

1848年2月、ロンドンで出版された『共産党宣言』

「平等」の要求を声高に叫ぶだけでは資本主義を変革することはできないこと、科学的理論が必要であるということが共通の認識になっていくのです。そして、マルクス・エンゲルスの新しい理論がだんだん受け入れられるようになっていきます。

科学的社会主義と労働運動との結合──『共産党宣言』

1847年春に、あらためて勧められてマルクスとエンゲルスは正義者同盟に加入します。1847年6月に正義者同盟の大会（共産主義者同盟第1回大会）が開かれ、エンゲルスが参加しました。同盟の名称は共産主義者同盟と改められ、陰謀団時代の名残は清算され民主的な組織に一新されます。同盟の目的も、規約第1条で「ブルジョアジーを打倒し、プロ

レタリアートの支配を打ち立て、階級対立にもとづく古いブルジョア社会を廃止し、階級もなく、私的所有もない新しい社会を建設することにある」とされました（同220頁）。

　同年11月末から12月初めにかけて共産主義者同盟第2回大会が行われ、エンゲルスとともにマルクスも参加し、非常に長い議論が行われます。その結果、すべての異議や疑問は取りのぞかれ、新しい原則が満場一致で採用されます。そして綱領にあたる「宣言」の起草がマルクスとエンゲルスの2人に委託されました。1848年2月に『共産党宣言』として発表されたこの宣言は、科学的社会主義の理論の「最初の仕上げ」といわれるように、科学的社会主義理論の初めてのまとまった叙述となりました。以前の同盟のスローガンは、人間の平等・友愛を強調する「人はみな兄弟である」でした。それに代わって、『共産党宣言』の最後には「万国のプロレタリア団結せよ！」と書き込まれました（『共産党宣言／共産主義の原理』109頁）。「人間一般」ではなくプロレタリアートこそが、たたかって資本主義社会を変革する歴史的使命をもっていることを表明したのです。科学的社会主義と労働運動がここにしっかりと結びつきました。

マルクス・エンゲルスの生き方──理論と実践の統一

　マルクスは「ヘーゲル法哲学批判序説」で述べた、ラディカルで大衆をつかみ「物質的な力となる」ような理論を、自ら実践して書き上げたのだといえるでしょう。そしてマルクス・エンゲルスはけっして書斎の人ではありませんでした。『共産党宣言』を出版するやいなや、ちょうど勃発した2月革命の嵐の中に飛び込んで、『共産党宣言』に示された科学的理論を駆使して実践的な政治闘争に取り組んでいきます。マルクス・エンゲルスの生き方は、理論と実践の統一そのものでした。

5　科学的社会主義の理論的発展と大衆的普及を一貫して追求

マルクス・エンゲルスの努力の最大の結実―『資本論』

　2月革命敗北後、イギリスの地に移ってからのマルクス・エンゲルスも、のちのインタナショナルにかかわる活動も含めた労働運動・社会主義運動の実践をすすめながら、科学的理論を磨き上げるとともに、その科学的理論と労働者階級の結合に心を砕きました。その最大の成果が、1867年に第1巻が刊行されたマルクスの『資本論』であったことはいうまでもありません。その完成には、エンゲルスの物心両面の協力がありました。『資本論』はマルクス・エンゲルスの努力の最大の結実といってよいでしょう。

　『資本論』が、資本主義の経済的運動法則を明らかにするとともに、資本主義没落の必然性の主軸が労働者階級の成長・発展であることを明らかにしたものであることは、不破哲三氏の『科学的社会主義の理論の発展―マルクスの読み方を深めて』（学習の友社）で詳しく明らかにされています。マルクスは、『資本論』を通して、労働者階級にみずからの社会的地位と歴史的使命を自覚させ変革の方向を指し示したのです。

科学的理論と労働者階級との結合の追求

　マルクス・エンゲルスは生涯を通じて、科学的理論と労働者階級との結合に心を砕きました。マルクスもエンゲルスも、その点に触れた言葉を要所要所に残しています。科学的社会主義の創始者たちのその姿勢をしっかりと受けとめておく必要があります。

　マルクスは「国際労働者協会創立宣言」（1864年）の中で、「成功の一つの要素を労働者はもっている――人数である。だが、人数がものをいうのは、結合（Kombination）が労働者階級を団結させ（vereinen）、知識が労働者階級を導く場合だけである。（牧野広義氏訳による）」と述べ

ています（『インタナショナル』20頁）。

　また、エンゲルスは「『ドイツ農民戦争』1870年版の序文への追記（1875年）」の中で、活動家に対して「社会主義が科学となったからには、やはり科学としてこれを扱わなければならないこと、すなわち研究しなければならないこと」に注意を喚起し、理論問題に理解を深めるとともに、その理論を労働者階級の中に広げることが重要であると強調しています（『多数者革命』60頁）。

　エンゲルスが最晩年に書いた「マルクス『フランスにおける階級闘争』1895年版への序文」では、「奇襲の時代、無自覚な大衆の先頭にたった自覚した少数者が遂行した革命の時代は過ぎ去った」とし、「社会組織の完全な改造ということになれば、大衆自身がそれに参加し、彼ら自身が、なにが問題になっているのか、なんのために彼らは肉体と生命をささげて行動するのかを、すでに理解していなければならない」のであって、そのための長期にわたる根気づよい仕事が必要だと述べられています（同261頁）。

おわりに

　この小論では、マルクス・エンゲルスが、労働者階級の成長・発展にどんなに信頼を寄せていたか、労働者階級と科学的理論との結合にどんなに心を砕いたか、ということをたどってきました。私たちはいま、「市民と野党の共闘」という労働者階級を中心とする運動が発展するなかを生きています。マルクス・エンゲルスの生涯を通した努力に学び、労働者階級の成長・発展にいっそうの確信をもって、より広範な労働者に積極的に働きかけていくことがもとめられています。そしてそのなかで、科学的社会主義の理論学習を一人でも多くの労働者にひろげていくことが、直接歴史を前にすすめることにつながっているということを明確に意識して、日々の実践を積み重ねていくことがもとめられているの

ではないでしょうか。

〈参考文献〉
ハインリヒ・ゲムコー責任編集／坂井信義訳『カール・マルクス―伝記―』（大月書店）
ハインリヒ・ゲムコー責任編集／土屋保男・松本洋子訳『フリードリヒ・エンゲルス―伝記―』（大月書店）
フランツ・メーリング／栗原佑訳『マルクス伝』（大月書店〔国民文庫〕）
マルティン・フント／橋本直樹訳『「共産党宣言」はいかに成立したか』（八朔社）

第9話

日常生活と政治意識

長澤高明

はじめに

　日常生活と政治意識の関係が問題にされるのはどうしてでしょうか。もし、各人が自分の日常生活の構造（自分の労働条件はなぜこのようなものになっているのか、なぜ自分はこのような生活をしなければならないのか）を正確に理解していて、それらと政治とはこのようにつながっているのだから自分はこのように行為することがベターなのだと認識していれば、その認識は投票行動や労働組合活動・社会運動などに反映されるはずですから、日常生活と政治意識の関係がことさらテーマにされることはないはずです。ところが、残念ながら、そのような認識を持っている人はむしろ少数なのです。どうしてでしょうか。
　世論調査で時の内閣の施策に反対という人が多いのに、なぜ内閣支持率はそれほど下がらないのでしょうか。自分は労働者なのに、どうして自民党を支持し続けるのでしょうか。自民党は労働者のための政党だと

考えているのでしょうか。それとも他に理由があるのでしょうか。今の生活に満足しているわけでもないのに、投票にさえ行かない人が多いのはどうしてでしょうか。

こうした問題は昔から「日常生活と政治意識」の関係として論じられてきました。マルクスやエンゲルスも、「なぜ人は自分の（広い意味での）利益がどこにあるかわからないのだろうか」「なぜ人は自分の首を絞めるような政党や政治家を支持してしまうのだろうか」という問題と格闘してきました[1]。

本章では、この問題について、最近の世論調査もふまえながら理論的考察を行います。

1 支配的階級の諸思想は、どの時代でも、支配的諸思想である

私たちは日々の生活を送るなかで、さまざまな対象について、さまざまな感情を持ったり価値判断を下したりしています。いつも「なんとなくそう思うから」というような判断で済ませている人もいれば、なぜ自分はそう判断するのかという理由を秩序立てて説明できる人もいるでしょう。何らかの機会をへて、対象に対する自分の知的接近の仕方がこれまでとは異なってくると、自分の感情や判断もこれまでとは異なってくるものです。

こうした感情や判断の質は、対象をいかに認識するかという「認識の枠組み」と密接な関係をもっています。上に上げた「なんとなく」や「秩序立てた説明」なども「認識の枠組み」です。たとえば、貧困問題を扱ったドキュメンタリーを見たとき、困窮にあえぐ人びとにひたすら同情を寄せる視聴者もいれば、貧しいのは自分が怠けてきたからではないのかと考えて自業自得だと突き放す視聴者もいるでしょう。他方で、このような困窮を生じさせる構造的な原因があるのではないかと考える視聴者もいるでしょう。こうした判断の違いは、その視聴者の「認識の

枠組み」によって規定されてきます。この「認識の枠組み」は、日々の経験（学習も含め、広い意味で捉えてください）のなかから形成されてくるもので、いわゆる「フツーの感覚」から、特定のイデオロギーに基づくもの、あるいは科学的認識を根拠にしたものまで、さまざまなものがあるわけですが、そのいずれであるかによって上に見たような判断の違いが生じてきます。この、それぞれに異なる「認識の枠組み」が形成される客観的な根拠はこの現実世界にあります。そして、現実世界から生み出される「認識の枠組み」のほとんどは現存秩序を維持するために機能します（科学的社会主義の「認識の枠組み」（思想）は現存秩序の改革を目指していますが、これもまた現実世界から生み出されてきたものです）。

　たとえば、資本主義社会において莫大な利益を得ている人が、「資本主義社会では一定程度の失業は避けられないから、あなたも我慢しなければなりません」と言ったとします。この言説に対して、「なるほど。ならば、構造的にそれを乗りこえる社会改革こそが必要だ」と考える労働者よりも、実際にはこの言説を素直に受け入れて、「なるほど。失業は仕方のないことなのだ」と考えて、それ以上のことは考えない人のほうが多いはずです。どうしてそうなるのでしょうか。それは、社会変革などできるわけはなく、そんなことを考えても時間の無駄で、世の中はこういうようにできており、それは未来永劫変わらないと思わされているからです。

　マルクスとエンゲルスは、次のように書いています。

　「支配的階級の諸思想は、どの時代でも、支配的諸思想である。すなわち、社会の支配的な物質的力である階級は、同時にその社会の支配的な精神的力である。物質的生産のための諸手段を自由にできる階級は、それとともに精神的生産のための諸手段を意のままにするのであるから、精神的生産のための諸手段を欠いている人々の思想は、概してこの階級の支配下にある」（『ドイツ・イデオロギー』59頁）と。

　私たちが学習の機会もなく、フツーに暮らしている限り、私たちの社

会認識は、こうした支配的思想そのものを自分のなかに取り込んでしまうのです。そして、私たちはつねに支配・被支配関係を下から支え続けてしまうのです。

　男女の社会的関係についても同じことが言えるでしょう。たとえば、職場でいつも同僚からお茶くみを頼まれるのは女性社員であって、その職場ではそのことがフツーのこととして皆に了解されているとすれば、それは男性社員に有利な「思想」を女性社員が疑問もなく受け入れているということになります。当の女性社員が「だってお茶くみは女の仕事でしょう」といえば、この女性社員は男女間の権力関係を下から維持する役割を果たしているのです。

　ネットの世界でも、政治や社会に対して憤ったり批判したりする人を冷笑し、現状を追認することが「現実主義的で正しいのだ」というような言説が横行しています。支配する側の思想は支配されている側の頭の中まで支配することによって、現存秩序を下から支えさせることができるのです（この問題についてはあとでまたもう少し詳しく論じることとします）。

2　棄権する人たちの政治意識と現存秩序維持との関係

　本節では、棄権する人たちの政治意識をとりあげて、現存秩序の維持およびその変革の可能性について考えることにしましょう。

　NHKがおこなった2016年の調査によると、棄権した理由で最も多いのは、「自分一人ぐらい投票しなくても選挙結果に大きな影響はない」というものです。（「そう思う」「どちらかと言えばそう思う」の合計66％）[2]。選挙が始まると、メディアはA候補が勝つであろうという予測をおこないます。そうすると、A候補を支持している人は自分が投票に行かなくても勝つと判断し、負けると予測された候補者を支持している人は自分が投票に行っても負けるであろうと判断します。だから自分は行く意味

表1　投票で重視した課題（複数回答）

	全体 (1264人)	自民 (563人)	民進 (228人)	公明 (141人)	共産 (107人)	維新 (115人)
年金・医療などの社会保障対策	56	52	58	67	70	48
景気・雇用対策	46	50	41	49	39	47
財政再建の取り組み	34	37	32	29	30	39
消費税を含む税制改革	33	31	34	31	38	36
政治とカネの問題	31	23	44	26	50	44
子育て支援や少子化対策	28	26	27	31	26	33
外交・安全保障政策	25	27	22	15	30	32
原子力発電などのエネルギー政策	24	15	34	18	44	29
憲法改正問題	22	13	31	12	45	27
震災復興の取り組み	19	19	21	19	24	14
経済格差の問題	17	13	24	9	30	20
国の事業見直しなどの行政改革	16	13	23	9	19	23
地球温暖化対策	15	14	16	15	20	13
奨学金などの教育政策	10	10	8	9	12	14
農業・畜産政策	10	9	12	6	18	6

資料：注記（2）　数字は％。5党以外は省略

がないという理屈です。そうすると、負けると予測された候補者を確実に負けさせているのは、ほかでもなく、棄権したその支持者であるということになります。しかし、実際には上記の人々の多くは「支持政党なし」であると思われますから、投票に行かない自己弁護でしかないと見るのが妥当でしょう。もともと、選挙に関心はないのです。問題は、なぜ選挙に関心がないのかということです。「誰がやっても同じ」であると考えているのでしょうか。この場合は、政治・政党・政治家に対する愛想がつきたという意味だと思われますが、有権者に「あきらめさせる」というのも、現状から利益を得ている政党の高等戦術です。「あきらめさせて」現状を維持するのです。しかし、棄権する人はおそらくそのことに気づいていません。

　この調査では、棄権した人に、「政治のことがよくわからない者は投票しないほうがいい」と思うかとも尋ねています。「そう思う」「どちらかと言えばそう思う」と回答した人は合計49％になります。自分には政

■第9話　日常生活と政治意識■

　治的な知識がないということが棄権する理由になっています。確かに、知識もないまま適当に投票されても困りますが、だから政治を勉強しようというのでもなさそうです。問題は、なぜ政治のことは知らなくてもよいと考える人が大勢いるのかということです。それは「自分の生活とは関係がない」と考えているからです。しかし、客観的事実として、政治は市民の生活を規定しています。「あなたが政治に無関心でも、政治はあなたをつかんで離さない」という政治学の箴言(しんげん)がありますが、政治に無関心な人ほど、政治と自分の生活とは何の関係もないと思いこんでいるのです。この場合も、棄権するという行為が現状維持に貢献しています。

　上記の調査にはありませんが、棄権の理由として、「私一人が投票に行っても何も変わらないから」というものもあります。この考えは、最初の回答と似ていますが、少し違います。この回答は、論理的には、現状に対する不満が前提になっています（もし、不満がないのなら、「私一人が投票に行っても何も変わらないから」という回答にはなりません）。ところが、その不満を棄権という形であらわすことが実は現状の肯定に手を貸しているということに本人は気づいていません。議会における政党間の勢力関係は前回の選挙の結果ですから、常に棄権している人は前回の勢力関係の固定化に手を貸していることになるのです。「私一人でもいいから投票に行って野党に入れよう」というようにならなければ勢力関係は変わりません。ここから、投票に行こうという欲求を生み出すような、「選挙で勝てるかもしれない野党（統一候補）の必要性」という課題が出てくるのです。野党の共闘は、直接的には与野党間の力関係の変更という要請からくるものですが、それは同時に選挙に対する有権者の意識改革に、ひいては民主主義のバージョンアップ（参加民主主義）にも関係してくるのです。

　「入れたい候補者（政党）がいない」という人もいるでしょう。この場合は、自分がある政策について一定の考えをもっていることが前提で

す。そうでなければ候補者を比較する基準が出てきませんから、入れたい候補者がいないという判断も出てきません。では、そういう人は各候補者の政策をどこまで正確に知っているのかということが問題になります。また、候補者の政策を知っているが、自分の考えと完全には一致しないという場合もあるでしょう。その場合でも、棄権しないで、少しでもベターであると考える候補者に投票することが大切です。こうした行為もまた、民主主義のバージョンアップ（市民の成熟）につながります。

このように考えてくると、棄権という「現存秩序を下から支える」行為は、当人がその行為の意味に気づくことで、「現存秩序を変革する」行為へと変わる可能性を秘めているのです。

3　生活が意識を規定する

現状にほとんど不満はない、あるいは、世の中とはこういうものだと考えている人も大勢います。そこで、本節では、「生活と意識の関係」という視角からこのことについて考察することにしましょう。この視角はさきに見た「支配・被支配関係」とも関連します。

この「生活と意識の関係」について、マルクスとエンゲルスは次のように考えました。

人間たちが語ったり空想したりすることは、決して現実に活動している人間たちから切り離されて捉えられてはならず、彼らの現実的な生活過程から説明されなければならない。道徳や宗教、そしてその他のどのような意識諸形態も、決して人間の生活過程から独立してはいない。人間の思考は、現実の発展・変化とともに変化する。「意識が生活を規定するのではなくて、生活が意識を規定する」（『ドイツ・イデオロギー』28頁）。

ここで重要なことは、対象に対する私たちの認識（意識）は、現実を正しく反映している場合であっても、あるいは歪めて反映している場合

であっても、それらは私たちの現実の生活過程の反映なのだということです。

　私たちは日々の生活のなかでさまざまな観念（このようなモラルが望ましいとか、このような人間関係のあり方が望ましいとか、世の中とはこういうものだ、などなど）を形成しながら生きていますが、マルクスはこういう観念自体が私たちの生活過程によって規定されている、この観念のうちに私たちの生活過程が映し出されていると言っているのです。

　マルクスは、これと同じことを『経済学批判』のなかの「序言」でもくり返しています。「物質的生活の生産様式が、社会的、政治的および精神的生活過程全般を制約する。人間の意識がその存在を規定するのではなく、逆に人間の社会的存在がその意識を規定する」（『『経済学批判』への序言・序説』14頁）。

　「生活が意識を規定する」「存在が意識を規定する」という表現に注目してください。この「規定する」という日本語はドイツ語のbestimmenの訳です。bestimmenには「決定する」という意味もあるのですが、しかし、これを「決定する」と訳したのでは誤りになるでしょう。私たち自身が日々経験していることですが、労働者階級であるからといって、その人たちの意識のありようがすべて同じになるというわけではありません。もし、存在が意識を「決定する」のであれば、労働者階級に属しているという事実はただそれだけで労働者たちにしっかりした意識を持たせるはずです。そうであれば、「支配的階級の諸思想は、どの時代でも、支配的諸思想である」などという事態にはならないからです。意識は存在によって規定されますが、その規定のされ方は様々なのです。どのように規定されるかはその人の置かれている立場や状況などによっても異なります。しかも、世の中のしくみが複雑になればなるほど、人々は自分の置かれている状況を的確に把握することが困難になります。

　「企業社会」の中で生き抜いていくためには、常に上昇志向だけが大

切だという価値観でもって自分を励ましている人もいるでしょう。一時的にせよ、生活水準が向上すればそれでよしとする人もいるでしょう。労働条件向上のためには、他の労働者と団結して運動を進めなければならないにもかかわらず、それは自分ではない誰かがやってくれると考えている人、あるいは、自分は「非正規」ではないので安泰だと思い込んでいる人、また、「非正規」にならざるを得なかった原因をすべて自分のせいにして落ち込んでいる人もいるでしょう。自分の生活だけが大事なのであって、憲法や安保体制がどうなろうがどうでもいいことだと思っている人も大勢いるでしょう。

　私たちは皆、当該社会のなかで社会化されながら育ちます。その過程において、この社会のしくみを正しく理解し、その理解をもとに根本的な解決の方途を考える機会に巡り合うことはむしろ稀なことといわなければなりません。そのような機会がない限り、現存秩序を維持する思考を身につけ、現存秩序を再生産する側に回るのは、いわば当然のことなのです。支配的な思想（判断の枠組み・観念なども）を労働者自身が取り込んでしまう必然性がそこにはあるのです。

4　労働者階級と階級意識

　この「取り込み」についての私自身の体験を紹介します。
　ある時、アルバイトをしている学生に「自分の時給が安いとは思わないですか」と尋ねたことがあります。すると、「特に安いとは思いません」という答えが返ってきました。「皆、同じような時給だから」というのがその理由です。つまり、賃金とは何かという知識がないために（搾取されているという認識もありません）、他人の時給と比べて安いかどうかという考えしか出てこないわけです。これでは、皆の時給が低水準に抑えられても、「皆がそうだから」という理由で「それでよい」ということになってしまいますから、賃金増を求めて立ち上がるという行為

は、この理由からは論理的には出てこないでしょう。
　また、「あなた方が、将来、ある企業の社員になったとします。給料が安い・労働条件が悪いなどと感じたときは組合に入って交渉しますか？」と学生諸君に聞いたこともあります。すると、「そんなことをすると上司が困るから、しません」という答えが返ってきました。一瞬絶句したのですが、おそらく彼らは子どものころから「常に相手の立場に立ってものを考えなさい」と親や教師から教えられてきたのでしょう。このように「社会化」されてきた彼らは、相手の立場を思いやるという行為が必要な場合と、思いやる必要はない場合との区別ができないまま大人になっていきます。彼らがこのような判断力しか持てないとすれば、喜ぶのは誰か目に見えています。
　労働者は労働者階級という大きな塊(かたまり)の構成要素です。そして、階級が客観的に存在する限り、階級意識も存在します。階級意識というのは、同じ階級に所属する人々が共有する意識のことで、とりわけその階級の共通利害を反映する意識を指します。特にマルクス主義では、労働者階級が歴史的使命感を持って社会的変革を実現しようとする意識を指すのですが、この階級意識によって、自分が置かれている客観的な状況や階級的な利益を理性的に認識し、目的意識をもって行為できるようになります。この意識は首尾一貫性と体系性を備えていて、常に自分の判断の準拠枠として機能します。しかし、上で見たように、「社会化」の過程において、日常的な、ごくフツーの生活意識が私たちの意識の大部分を構成するようになります。こうして、いくら彼らが客観的には労働者階級の一員であるからといっても、支配的な思考の枠組みを取り込んだ人びとの意識は、そのままでは階級意識に昇華しないのです。

5　世論調査に見られる政治意識の構造

　前節の問題を、有権者の投票行動を手掛かりに、再度考えてみること

にしましょう。

　皆さんは、世論調査で個々の項目（法案や政府の施策、外交問題など）についての評価は低いのに、内閣を支持しますかと聞かれると「支持する」と回答する人が意外なほど多いことに戸惑いを感じたことはありませんか。

　例えば、最近のNHKの世論調査でも、個々の項目（「働き方改革関連法」「IR法」「加計理事長の説明」「参院選挙制度改革」など）に対する評価は低いのに、安倍内閣の支持率は不支持率を上回っています[3]。

　安倍内閣を支持する理由で一番多いのは、「他の内閣より良さそうだから」というものです（48％）。「実行力があるから」という回答は19％しかありません。「実行力があるから」というのは「政策を支持する」ということが前提ですから、政策についてはそれほど評価しないが、安倍内閣は「他の内閣より良さそうだ」とかなりの人が判断しているということです（「他の内閣」が具体的にどの内閣を指しているのかはわかりません）。逆に、安倍内閣を支持しない理由の一番は「人柄が信頼できないから」で51％、「政策に期待が持てないから」が23％です。個々の政策への賛否を考えれば「政策に期待が持てないから」のパーセンテージがもっと多くても良さようなものですが、そうなってはいないということに注意してください。これらからわかるのは、個々の項目について賛否を聞かれれば一応回答はするが、それは決して内閣への支持・不支持と密接には関連づけられていないということです。

　個々の争点に対しては時の内閣に否定的な評価をくだしていても選挙では与党に投票する、あるいは内閣を支持し続けるという有権者に対して、「支離滅裂である」とか「馬鹿じゃないのか」などという批評が時折週刊誌などで見受けられますが、そうではなく、有権者の頭の中には別の基準があるのです。

　第2節で紹介した「参院選後の政治意識調査」によると、「今の暮らし向き」について、「ゆとりがある」「多少ゆとりがある」と回答した人

の合計は45％、「苦しい」「やや苦しい」の合計は55％ですが、参院選で自民党に投票した人のうち、「経済政策を評価したから」と回答した人は82％です（「大いに」と「ある程度」の合計）。

「今の政治」について、「大きく変わってほしい」と回答する人はこの10年間に減少の一途をたどり（38％から19％へ）、逆に「あまり変わってほしくない」が増えてきています（4％から12％へ）。（ちなみに、「ある程度変わってほしい」と回答する人はいつの調査でも常に多いのですが（6、7割程度）、どのように変わってほしいのかはこうした調査からはわかりません）。

また、自分を「保守的」と考える人は14％、「どちらかと言えば保守的」は56％、「革新的」は4％、「どちらかと言えば革新的」は23％で、長期的に見ても、自分を保守的と考える人が増加傾向にあります。2013年と16年の調査では、すべての年齢層で「保守的」が「革新的」を上回っています。

この調査からは「保守的」の中身が具体的には何なのかはわかりませんし、自民党の近年の政策が保守的であるとも言えないと思うのですが、それはともかく、自分を「保守的」と考えている人は自民党に投票する確率が高いということだけはわかります。ただ、自民党への支持の強さ・弱さという点から見ると、55年体制期（1955〜93年）における自民党政治への積極的支持とは異なり、90年代半ば以降のそれは、比例区における自民党の絶対得票率の低さから見てもわかるように、消極的な支持（他に入れたい政党がない）になっているという違いはあります。

個々の項目についての評価は低いのに、なぜ内閣を支持する人が多いのかという問題に戻りましょう。それは、経済や生活と直接的には関連しないと有権者が判断した項目は、内閣への支持にほとんど影響しないからです。影響するのは経済・生活分野の政策です。ですから、経済・生活分野以外の項目への否定的評価がいくら多くても内閣支持率はそれほど下がらず、選挙をやれば自民党が勝つという結果になるのです[4]。

6　政治意識の涵養(かんよう)に向けて

　多くの有権者にとって投票の決め手となっているのは、多少の心配事があっても自分の生活さえ何とかなっていれば現状維持を期待するという「保守的心情」です。くり返しになりますが、自分の生活に直接関連しないと思っている個々の項目については、聞かれれば一応回答するのですが、それらの多くが内閣支持あるいは自民党支持にどう関連するかということになると、その優先順位は高くないのです。しかし、そういう有権者であっても、自分の置かれている経済状態を正確に把握できているとは限りません。また、かりに自分の経済状態は良いとしても、周囲の人々の経済状態が悪い場合はどう考えるのでしょうか。さらに、優先順位自体についても、それでいいのかと考えてもらうことが必要でしょう。これらを総合的判断力と言い換えてもいいのですが、こうした判断力や認識枠組みは、日本をどのような国にするかという構想力の問題とつながっています。階級意識というものをこの「構想力」との関係において捉えなおすことが社会変革との関係でも非常に重要であると私は考えています。

　ところで、私たちがある情報を受け取ったとき、それに関心のある場合は、その情報を精緻化しようとします。そのようにして獲得された知識・考え・意見には持続性があり、安定しています。ところが、さほど関心がない場合は、聞き流すか、断片的な知識のまま頭の隅にしまい込んでしまいます。この場合には、それについて何か判断を求められても、情報の中身を吟味して意見を述べるわけではありませんから、持続性もなければ安定性もなく、判断自体が適当になります。

　前者を「中心ルートによる情報処理」、後者を「周辺ルートによる情報処理」と呼ぶのですが、政治についてもっぱらテレビから情報を得ている人は中心ルートよりも周辺ルートによって情報を処理している場合

が多いようです。

　公共的争点や投票先についての態度を周辺ルートで処理している有権者は、中心ルートで処理している人と議論すれば負かされてしまうでしょうが、選挙ということになるとそういう人たちの一票に判断の質は反映されません。ですから、周辺ルートによる情報処理とはいえ（「テレビによくあの候補者がでていた」、「コメンテーターが世間では○○党が注目されているといっていた」など）、選挙では多大な影響力を発揮するのです。

　私たちは常に、情報処理の仕方に注意しなければならないのですが、社会科学を集団で学ぶ機会がない限り、「中心ルート」を鍛えることは非常にむずかしいと思います。また、この機会は何も勉強だけではなく、市民同士の対話においても鍛えられるはずであると私は考えています。近年、選挙における野党間の共闘や、野党と社会運動との連携に注目が集まっていますが、これらもまた私たちの「中心ルート」を鍛える要素となるとともに、第2節で言及した民主主義のバージョンアップ（参加民主主義・市民の成熟）にも欠かすことのできない大きな要素なのです。

　かつてマルクスは『共産党宣言』を締めくくるに際して、「万国のプロレタリア、団結せよ！」と書きましたが（『共産党宣言』93頁）、これまでの考察を踏まえれば、この言葉はさらなる切実さをもって私たちに迫ってくるのです。

おわりに

　資本主義の発展は資本の生産力を高めましたが、それは同時に、労働者の労働能力の破壊（労働能力の部分化・一面化、労働の強化と労働時間の延長による労働者の身体的・精神的な荒廃など）にもつながりました。そして労働者（や被支配側の人びと）の多くは支配的思想に取り込まれていきました。しかし、資本主義の発展はまた、そのような人びとを成

長させる機会をも作ってきました。歴史をひもとけばわかるように、過酷な弾圧を受けながらも被支配者側の立場に立つ政党や労働組合が闘いを通じて成長してきました。

　マルクスは、ブルジョア的生産諸関係（資本主義の土台です）は社会的生産過程の最後の敵対的形態であると考え、「ブルジョア社会の胎内で発展しつつある生産諸力は、同時にこの敵対を解決するための物質的諸条件をもつくりだす」（『『経済学批判』への序言・序説』16頁）と述べました。

　この「物質的諸条件」というのは、「将来社会」を準備する文字通りの「物質的」な諸条件のみならず（とりわけ生産力の発展がそれを準備します）、資本主義変革のための被支配者側の能力の発達をも含んでいます。その能力とは、経済的能力（管理・指揮・協同など）と政治的能力（民主主義的諸装置のコントロール能力、市民としての自己統治能力など）、および「将来社会」の担い手となりうるだけの精神的・文化的能力です（「知は力」）。しかし、マルクスの時代には、「将来社会」を具体的に展望できるだけの「物質的諸条件」はまだまだ整ってはいませんでした。

　現代は生産力の発展が生産関係をいよいよ変化させざるをえない極限にまで来ていると思われます。そして、さまざまな民主主義的な制度も機能しています（同時にその制度を骨抜きにしようとする勢力も存在します）。マルクスの時代とは比べものにならないほど「近代的価値観」も普及してきました（同時にそれらに対抗する勢力も存在します）。私たちの考えを代表する政党や労働組合・社会運動なども戦前のような形で弾圧されることはありません。私たちはその気になれば私たちのために生かしうるさまざまな有利な条件をもっているのです。しかし、それにもかかわらず、私たちは残念ながらその条件をまだ生かしきれてはいません。

　本章では、特に日常生活と政治意識の関係をどう見るべきか、そして、現在の権力関係や支配・被支配関係をどうやって乗りこえ、変革するか

という観点から論じてきました。本章が、少しでも社会変革の道に踏み出す人びとの参考になれば幸甚です。

〈注〉
（1）例えば、エンゲルスは1881年に次のように書いています。「われわれは、だれでも自分のことは自分で配慮しなければならない世界に住んでいる。それなのに、イギリスの労働者階級は、自分たちの利害についての配慮を、地主、資本家、小売商人階級と、彼らの従者たる法律家や新聞記者たちにまかせている。労働者の利益になる諸改革がこのように遅々としてはかどらず、このようにみじめなほどちびちびとしかおこなわれないのも、あやしむに足りない。イギリスの労働者は、そう望みさえすれば、社会的改革でも政治的改革でも、彼らの地位が必要とするあらゆる改革を思いのままに押しとおすことができるのである。それなのに、どうしてそういう努力をしないのか？」（全集⑲272頁）。
（2）NHK「参院選後の政治意識調査」。調査日2016年9月10日〜19日。配付回収法。調査対象2400人のうち1732人が回答。
（3）NHK「政治意識月例調査」。調査日2018年7月6日〜8日。全国18歳以上の男女。固定・携帯電話。調査対象2075人のうち1221人が回答。
（4）このことを逆からみると、この年の参院選で改憲勢力が3分の2を超えたことが話題になりましたが、そもそも有権者の多くが改憲問題をそれほど重要視していなかったため、この選挙は改憲についての有権者の意思を反映していないということにもなるわけです。また、この選挙で野党は定数1の選挙区（32県）に統一候補を立て、11県で勝利しましたが、そのうち東北6県での争点はTPP問題でした（沖縄県は基地問題と経済問題、その他の4県は野党候補者の知名度が高いことや自民党県連の内紛が選挙結果に影響を及ぼしました）。これらは、統一候補が勝てる政策分野（争点）もまた経済分野であるということを示しています。

第10話

マルクスが資本主義の先に見た社会

石川康宏

1　未来社会
　　　——社会主義・共産主義・結合的生産様式

　この章ではマルクスの未来社会論を学びます。マルクスは、長い時間をかけてここまで発展してきた人間の社会が、資本主義の段階で終わりになるとは考えませんでした。資本主義にも改善せねばならない問題があり、その改善を求める人びとがいる。また、他方で、資本主義はより進んだ次の社会をつくるための客観的な準備もする。だから資本主義もまた、その次の社会に席を譲っていかずにおれない歴史的に一時的な社会なのだ、そうマルクスは考えたのでした。
　マルクスは資本主義の次にやってくる未来社会のことを「社会主義（の社会）」と呼んだり、「共産主義（の社会）」と呼んだりしています。若い時代の一時期をのぞけば、基本的に両方の言葉を同じ意味で使っています。どうして、同じ意味の言葉を二つも使ったのか。それは、これらの言葉が、マルクスより先に「労働者の解放」をめざした人たちによ

■第10話　マルクスが資本主義の先に見た社会■

って、すでに使われていたからです。ある人は未来社会を「社会主義」と呼び、ある人は「共産主義」と呼んでいました。そのような言葉使いを、マルクスも継承したということです。その意味で、厳密にいえば「マルクスは社会主義・共産主義の元祖だ」というのは間違いです。

　しかし、「社会主義」や「共産主義」という言葉で一体どんな社会をあらわすかは、その言葉を使う人よって相当大きな違いがありました。そこで、マルクスは「マルクス流の社会主義・共産主義」を研究していきます。研究していく、じつはこの言葉には大きな意味が込められます。マルクスより前の人たちには「労働者がしあわせに暮らせる社会」を想像し、その設計図を書いて「これぞ社会主義（連帯の社会）」「これぞ共産主義（共同の社会）」「みんなでつくろう」と宣伝するタイプの人が多かったのです。しかし、マルクスはそういう「空想」では現実は変えられない、資本主義の次にやってくる社会は、社会科学の力をつかって、資本主義の内部に探り出さねばならないものだと考えました。そのことを、マルクスの親しい友人エンゲルスは「空想から科学への社会主義の発展」「社会主義を科学にする」と表現しました。

　資本主義社会についての長年の研究の末、マルクスは未来社会を厳密に科学的な言葉であらわすときには「結合的生産様式」という、あまり聞き慣れない言葉を使うようになります。政治的に支配する人とされる人の対立が解消され、経済面でも指揮・命令する人とされる人の区別がなくなり、そうして解放された自由な人びとが、互いに自発的に力を「結合」させて労働することを土台とする社会といった内容です。それが「マルクス流の未来社会論」「マルクス流の社会主義・共産主義社会論」の本当の姿であり、研究の到達点なのでした。では、順を追ってみていきましょう。

2　未来社会への転換のキーワードは「生産手段の社会化」

　マルクスは30代の終わりから亡くなる直前まで、生涯をかけて『資本論』を書き続けました。『資本論』は、資本主義社会の構造と歴史を全面的に明らかにしようとした本です。スラムに暮らし、貧困にあえぐ当時の労働者を救うために、マルクスが徹底的に研究したのは資本主義の社会についてなのでした。

　その研究の中で、マルクスは、目の前にある悲惨の原因として、個々の資本の行動に「もうけ第一」という考え方が貫かれていることを見い出します。もうけのためによいものをつくり、もうけのためによいサービスを売る、その範囲にとどまってくれれば特別の問題は生まれません。しかし、実際の資本は、もうけのために、働くものを時に過労死にまで追い込み、自然環境を人のくらしと両立できないところまで破壊してしまいます。

　そこでマルクスは次に進みました。このような問題を解決するために、資本がなぜ「もうけ第一」を行動の根本原理とせずにおれないのか、その理由の究明へと話をつめていったのです。そして見つけ出したのは、経済活動に不可欠な「生産手段」を社会の一部の人が所有して、その人たちの間の競争関係が、彼らをなりふり構わぬ「もうけ第一」に走らせているということでした。

　ここで「生産手段」というのは、機械や工場、建物、部品、原材料など、モノやサービスの生産に欠かすことのできない手段や対象ということです。そして、この生産手段を「自分のもの」として所有している人が「資本家」に、それをもたない多くの人が資本家に雇われてはたらく「労働者」になるのだと、ここからマルクスは資本主義経済の人間関係の成り立ちも解明したのでした。

　これらの研究の上で、マルクスは「もうけ第一」を根本からただすに

■第10話　マルクスが資本主義の先に見た社会■

は、生産手段を一部の人の手から社会全体へと引き渡さなければならないと結論します。マルクスが、資本主義の社会から未来社会への転換（社会主義的変革）という時、その核心として位置づけられたのはこのように生産手段の所有者を変えるということで、それをマルクスは短く「生産手段の社会化」と呼んだのでした。これがマルクスの理論における、未来社会への転換のキーワードです。

この転換に成功した後に現れてくる新しい社会を、マルクスは『資本論』の中で、端的にこう表現しました。

「共同的生産手段で労働し自分たちの多くの個人的労働力を自覚的に一つの社会的労働力として支出する自由な人々の連合体」（①133）。

資本主義の下で巨大化した生産手段を、資本家の命令によってではなく、自分たちの意志にもとづいて、互いに力をあわせて運用し、力をあわせて労働する自由な人びとの共同社会、これが、マルクスがめざし、また資本主義が内部に準備しているとした未来社会の基本的な形なのでした。

ときどき「マルクスはすべての私有財産を否定した」「なんでも共有にしようとした」と言う人がいますが、そんなことはありません。マルクスは未来の人びとが協力して生産した成果を「生産手段」と「生活手段」に分け、生産手段は社会が所有するが、生活手段は「彼らのあいだで分配されなければならない」（①133）と、『資本論』にはっきり書いています。転換のキーワードはあくまで「生産手段の社会化」で、生産物をなんでも社会化するといった乱暴なことではないのです。

3　人間の発達と経済活動の発展の好循環

生産手段が社会化された後の社会では、経済の様子はどう変わるでしょう。そこを、もう少し突っ込んで見ていきます。

大きな変化の第一は、なにより、資本家が労働者を経済的に支配し、

利益を搾り上げる関係がなくなるということです。現代日本の職場で、資本家が労働者にあれこれ命令できるのは、資本家が生産手段の持ち主で、それにもとづいて、彼が労働者の雇用を左右する大きな権限をもっているからです。しかし、生産手段が社会の共有財産になっていけば、資本家と労働者という人の区別、あるいは経済的な地位の相違にもとづく社会の大きな分断（階級対立）はなくなって、資本家が労働者を低賃金、過密、長時間労働に追い込むといった支配・強制の関係そのものがなくなります。現代日本の職場の問題を思い浮かべるなら、これは人間社会の大きな進歩といえるのではないでしょうか。

　生産手段が社会のもので、労働も多くの人が自発的に協力して行うものになれば、それによって生み出される生産物は、社会全体のものとなるほかありません。工場での生産物も「資本家のもの」ではなく、「社会のもの」に変わるのです。生産物のうち生産手段は社会の共有財産となりますが、生活手段は時々にみんなが決めたルールにもとづいて、社会のみんなに分配されます。それは年収100億円をこえる超資産家がいる社会に、たくさんのホームレスやワーキングプアが同居している現代日本の異常な格差を、大きく是正するものとなるでしょう。もちろん分配は、社会保障や思わぬ災害への備えも考慮した上でのものとなっていきます。

　こうなると、労働条件にも、大きな変化が生まれてきます。なにせ、それは、はたらく当事者が決めるものになるのですから。からだを壊すようなはたらき方はなくなります。労働者や市民の闘いにより、現在でも、ドイツ、フランスの労働時間は週35時間ですが（ドイツは部分的に週28時間）、未来社会はこれをさらに超えて、労働時間をどんどん短くしていきます。それは、人びとには、それだけ自分のためにつかえる自由時間が増えるということです。ちなみにドイツやフランスの時間あたりの労働生産性や1人あたりの労働生産性は、現在、日本よりずっと高くなっています。短時間労働だからこそ、そこで集中的に仕事が行われ

■第10話　マルクスが資本主義の先に見た社会■

ているということです。

　マルクスは、これらの変化の結果、労働はやらされるもの、生きるために仕方なくがまんしてやらねばならないものというマイナスイメージをうすめ、自分や家族や社会のために、また自分の能力を示すために、誰もがすすんで行うものにかわっていくと述べています。

　「賃労働は、奴隷労働と同じように、また農奴の労働とも同じように、一時的な、下級の〈社会的〉形態にすぎず、やがては、自発的な手、いそいそとした精神、喜びにみちた心で勤労にしたがう結合的労働に席をゆずって消滅すべき運命にある」(『インタナショナル』19頁)。「いそいそ」というのは、動作に喜びがあふれている様子を示したことばですが、未来社会では労働が「自発的」に、「いそいそと」、「喜びにみちた心で」行われるものになるというのです。「結合的労働」というのは、人びとが資本の強制によって協力させられるのではなく、はたらく者たちが自分と家族と社会のために、自ら進んで共同してはたらくという意味の言葉です。マルクスは未来社会の内容を述べる場合、他人に強制されてのものではない、自発的に「結合」(アソシエート)した労働を根本的な特徴として強調します。

　変化の第二は、それによって経済活動の目的がかわり、経済活動全体の理性的な計画的運営が深められるということです。

　資本主義では、個々の資本の「もうけ」が経済の根本的な推進力となっています。お互いを出し抜きあう、資本家どうしの「もうけ競争」は、社会の誰によっても調整されておらず、その結果、社会は周期的に生産と消費のバランスを崩し、くり返し深刻な経済破綻(恐慌)に巻き込まれます。世界最初の恐慌は1825年にイギリスに起こりましたが、それから200年近くがたった今も、資本主義は周期的な恐慌の到来を避けることができません。

　この30年ほどの日本では、大資本は世界市場を相手にもうけながら、労働者の賃金はどんどん安くなるという「経済の二極化」が進行し、そ

の結果、国内の消費力が弱くなり、まともな経済成長ができない事態がつづいています。日本経団連などの財界団体や自民党政府は、そこから抜け出す効果的な政策を打ち出すことができません。その最大の要因は、資本の経済活動の目的が「自分のもうけのため」であり「社会の利益のため」ではないからです。財界から巨額の献金を受け取る自民党は、財界・大資本が求める政治をそのまま実行しているだけで、「アベノミクス」はその典型となっています。

生産手段の社会化は、そこのところを転換し、経済活動の目的を「社会の利益のため」へとすえなおします。すべての人びとに必要な生活手段を豊かに分配し、労働時間の短縮によって各人の自由時間を延長し、それによる人と社会のさらなる発展を可能とします。資本同士の競争はなくなって、競争が現代の社会に生み出している様々な無駄もなくなります——「売らんかな」の精神による作りすぎ、それを販売するためのセールス合戦、そして売れ残りの膨大な廃棄など。さらに、それは労働力をより大切に、より効率的に支出させることで、人間の浪費も減らしていくでしょう。

最近、地球温暖化を背景に、日本の気象条件が多く変わり、大型台風や集中豪雨の被害が大きくなっていますが、財界・大資本には、温暖化ガス（CO_2など）の排出規制に本格的に取り組む姿勢は見えません。また、あれだけの災害を引き起こしたにもかかわらず、原発の使用を継続しようとする資本や政府の姿勢も、「もうけ第一」がもたらす資本主義の無計画性の現れです。

生産手段の社会化によって、これら無政府性の呪いから人間社会が解放されることについて、マルクスは『資本論』の中で次のように語りました。

「資本主義的生産では、総生産の連関は、盲目的な法則として生産当事者たちに自己を押しつける」。しかし、未来社会では、それが「生産当事者の結合した理性によって把握され、それゆえこの理性に

■第10話　マルクスが資本主義の先に見た社会■

よって支配された法則として、その理性が生産過程を彼らの共同の管理のもとに」おくようになる（⑨438）。

大きな変化の第三は、労働時間の短縮により拡大される自由時間が、人々の多面的な発達が経済活動とのあいだに新しい飛躍の好循環を生み出していくということです。

マルクスは『資本論』第3部の終わりの篇で、未来社会における自由時間の拡大が、人間そのものの力の発達をもたらす展望を語っています。

「自由の国は、事実、窮迫と外的な目的への適合性とによって規定される労働が存在しなくなるところで、はじめて始まる」（⑬1434）。

ここでマルクスは、人の生きる時間を労働時間と自由時間にわけて、労働時間の領域を「必然性の国」、自由時間の領域を「自由の国」と呼んでいます。そして、労働が、いかに喜びに満ちたものに変わっても、やはりそれは社会を成り立たせるための義務的行為という性質をもつもので、人びとにとっての本当の「自由」は、その領域の外、つまり労働時間ではなく、自由時間の中でこそ「はじめて始まる」というのです。

つづけてマルクスはこう書きました。「この国〔必然性の国〕の彼岸において、それ自体が目的であるとされる人間の力の発達が、真の自由の国が——といっても、それはただ、自己の基礎としての右の必然性の国の上にのみ開花しうるのであるが——始まる。労働日の短縮が根本条件である」（⑬1435）。

どこまでいっても人間社会は労働をやめるわけにはいきませんが、労働時間の短縮により、人びとは自分の「力の発達」そのものを目的としうる自由時間を拡大させる。日々の労働のためにスポーツをやめ、好きだった読書や映画の時間を減らし、音楽からも遠ざかってしまった。そうした体験をした人は少なくないと思いますが、そのように人生の多面的な充実を長時間労働が抑え込んでしまう現代資本主義の特徴は180度転換し、それぞれの人生の自由な充実こそが、人びとのくらしの中心になっていくというのです。

同じようにエンゲルスも、未来社会が「ただ物質的に十分にみち足りており、日に日にますます豊かになっていくだけでなく、肉体的、精神的素質の完全で自由な育成と活動を保障するような生活を、社会的生産によってすべての社会の成員にたいして確保する可能性」の「存在」について語っています（『空想から科学へ』91頁）。

　拡大する自由時間の中で多面的に発達していく人びとの能力は、当然、労働の中でも発揮され、経済活動の質的な発展を促進します。未来社会の発展は、あらゆる人びとの能力の発達と経済活動の発展が人間と社会の発展の新しい好循環を実現するものとなるのです。

4　民主共和制の政治から国家の死滅へ

　ここで話題を、経済の問題から、未来社会における政治や民主主義の問題に広げておきます。

　さきに「自由な人々の連合体」というマルクスの文章を紹介しましたが、資本家と労働者との経済的な利害の対立が解消された未来社会では、人びとの人権が誰にも平等に保障され、また互いの自由を尊重しながら社会の運営に必要な集団の意志の形成にかかわる民主主義のルールも発展していきます。そうでなければ、自発的で自覚的な結合的労働は成り立ちません。

　マルクスは未来社会の政治制度について、そう多くを語ったわけではありません。しかし、その中で重要なことの一つは、未来社会への転換に向け、マルクスが「民主共和制」つまり議会制民主主義にもとづく体制のなかでの闘いを当然視していたということです。

　　「民主共和制」「ブルジョア社会のこの最後の国家形態においてこそ、階級闘争が決定的にたたかいぬかれなければならない」（『ゴータ綱領批判／エルフルト綱領批判』45頁）。

　「ブルジョア社会」というのは資本主義社会のことですが、ここでは

■第10話　マルクスが資本主義の先に見た社会■

未来社会への転換を決する「階級闘争」の場となる「国家形態」は、「民主共和制」だと断言されています。マルクスは資本家階級が暴力に訴えない限り、議会制民主主義の発達したイギリスとアメリカでは、未来社会への転換は平和的に行うことができると考えていました。つまり、ここでの「階級闘争」は、何よりも選挙をつうじて政治の内容を変える闘いを意味しています。資本主義を抜け出し未来社会への前進を掲げる勢力が、議会で安定して多数を占めるようになれば、その時にはじめて生産手段の社会化を核心とする具体的な変革が開始されるというのです。

　エンゲルスも、同じ見解を残しています。「ブルジョアジーとプロレタリアートの闘争は共和制のもとでのみ決着がつけられるのです」「〔ドイツ〕では革命の最初の直接的成果は、形式からすれば同じくブルジョア共和制以外のものではありえないし、またそうでなければならないのです」（『マルクス・エンゲルス書簡選集』中巻265頁）。

　「ブルジョアジー」というのは資本家階級、「プロレタリアート」というのは労働者階級のことですが、当時のドイツは、まともな議会をもたないドイツ皇帝中心の政治が行われた時代でした。そこでエンゲルスは目前の「革命」の課題として、まずは共和制をかちとり、そしてその共和制の中で未来社会への転換にかかわる「決着」をつけていこうと、二段構えでの改革を提起していったのでした。

　エンゲルスはこうも書いています。「マルクスと私とは、40年も前から、われわれにとって民主的共和制は、労働者階級と資本家階級との闘争が、まず一般化し、ついでプロレタリアートの決定的な勝利によって、その終末に到達することのできる唯一の政治形態であるということを、あきあきするほど繰りかえしてきているのである」（『多数者革命』198頁）。

　さらにエンゲルスは、未来社会にむかう変革の社会的合意が成立し、そのための改革が開始される段階に進んでも、その政治制度は「民主共和制」のままであると述べています。

　「なにか確かなことがあるとすれば、それは、わが党と労働者階級

は、民主共和制の形態の下においてのみ、支配権を得ることができる、ということである。この民主共和制は、すでに偉大なフランス革命が示したように、プロレタリアートの執権の特有の形態でさえある」(『ゴータ綱領批判／エルフルト綱領批判』94頁)。

「プロレタリアートの執権」というのは未来社会への転換の過程、つまりは資本主義から未来社会の確立までの過渡期にある労働者階級の権力のことなのですが、その段階の国家形態も民主共和制であるというのです。

「プロレタリアートにとっては、共和制が君主制とちがうのは、それが、プロレタリアートの将来の支配にとってすっかりできあがった政治形態であるという点だけです」(『マルクス・エンゲルス書簡選集』下巻254頁)。

もう一つ、未来社会の政治にかかわる根本的な問題として見ておきたいのは、マルクスが未来社会の確立によって、国家は死滅するという壮大な展望をもっていたということです。

そもそも国家は、原始的な共同の時代を抜け出して、人間社会が支配する者とされる者に分裂し、その内部対立をはらんだ初めての階級社会＝古代奴隷制の確立期に、支配する者が支配される者の抵抗を抑え込むための軍事力として誕生したものでした。その後、長い時間をかけて、国家は民主的な共和制の姿にたどりつきますが、そこにも階級対立は残っており、選挙をつうじてつくられる政権も、やはりそれを望まない人びとに多数者の意志を強制する役割を果たし続けています。

しかし、未来社会にあって階級間の対立がなくなり、人びとの大きな社会的分裂がなくなれば、ある階級の意志を他の階級の人びとに強制するという国家の役割は不要になり、役割を失った国家は次第に眠り込んでいく。マルクスはそのように考えたのです。

したがって、マルクスにとって国家の死滅は、未来社会が長い過渡期をへて、ついに確立したことを示す重要な歴史的指標でもあるのでした。

■第10話　マルクスが資本主義の先に見た社会■

　まずマルクスは、その過渡期に労働者階級の国家が存在することを確認します。
　「資本主義社会と共産主義社会とのあいだには、一方から他方への革命的転化の時期がある。その時期にはまた政治的な過渡期が対応するが、この過渡期の国家はプロレタリアートの革命的執権〔ディクタトゥール〕以外のなにものでもありえない」(『ゴータ綱領批判／エルフルト綱領批判』43頁)。
では、資本家と労働者の階級対立が最終的になくなり、過渡期を超えて国家の死滅を導くにいたる社会の変化は、一体どのようなものなのでしょう。これについてマルクスは「『フランスにおける内乱』第一草稿」でこう書いています。
　①「労働の奴隷制の経済的諸条件を、自由な結合的労働の諸条件とおきかえることは、時間を要する漸進的な仕事でしかありえない…(その経済的改革)」。
ここで「労働の奴隷制」というのは資本主義のことで、「自由な結合的労働」というのは、すでに見てきたように未来社会の土台となる労働のあり方です。
　②「そのためには、分配の変更だけでなく、生産の新しい組織が必要であること、言い換えれば、現在の組織された労働という形での生産の諸形態(現在の工業によってつくりだされた)を、奴隷制のかせから、その現在の階級的性格から救い出す(解放する)ことが必要であり、その調和のとれた国内的および国際的調整が必要である」。
「かせ」というのは人の自由を拘束するもののことですが、未来社会の確立には、生産物の分配方法を変えるだけでなく生産における人間関係を「奴隷制のかせ」から解放すること、つまり資本家の命令にしたがって行われていた生産を、人びとの自覚的な結合にもとづく生産に転換するための「新しい組織」を編み出すことが必要で、さらに、その上で、それら新しい組織どうしでの国内外での生産の調整が必要になるという

のです。これは「生産手段の社会化」の内容を、より具体的に、その内実に踏み込んで述べたものともいえるでしょう。

　③「この再三の仕事が、既得の権益と階級的利己心の抵抗によって再三再四遅らされ、阻止されるであろうことを、彼らは知っている」。「新しい組織」の形成は、何の障害にも突き当たらずに、一直線に達成されるものではない。転換の長い過程の中では、古い資本主義の意識にも影響されて、これを押しとどめる行動も生まれてくるというのです。

　④「現在の『資本と土地所有の自然諸法則の自然発生的な作用』を、『自由な結合的労働の社会経済の諸法則の自然発生的な作用』とおきかえることは、『奴隷制の経済的諸法則の自然発生的な作用』や、『農奴制の経済的諸法則の自然発生的な作用』の場合と同様に、新しい諸条件が発展してくる長い過程をつうじてはじめて可能になる」(『マルクス・エンゲルス全集』第17巻517～518頁)。

諸法則の「自然発生的な作用」というのは、その法則の作用に外部からの強制を何も必要としないということで、生産の組織における何らかの権益や利己心にもとづく一部の人の抵抗もなくなり、互いを尊重し、自発的、自覚的に互いの労働力を結びつける「結合的労働」が、誰にとっても自然に行なえることになるということです

　見てわかるように、③にあっては、多数の合意にもとづいて、変革への抵抗を押し返す社会的な力が必要で、④の内容が達成される段階になるとはじめて、そのような力は不要となります。「自由な結合的労働の社会経済の諸法則の自然発生的な作用」が実現すれば、そこでようやく資本主義から未来社会への過渡期は終わり、それと同時に、社会の合意を代表し、これを社会全体に強制していく国家の役割は終わり、それは次第に眠り込んでいくというのです。実に、壮大な展望です。

　このように国家が死滅するならば、その後の人間社会はどのような「政治」をもつことになるのでしょう。マルクスはその点についても研究の成果を残しています。

■第10話　マルクスが資本主義の先に見た社会■

　マルクスがいう国家の死滅や眠り込みは、たとえば選挙や議会が不要になるという意味ではありません。そこで言われているのは、選挙や議会から、現代日本で見られるような経済的利害の相違にもとづく階級間の意志の衝突という政治的性格が失われていくということです。マルクスはこう言います。
　「選挙の性格は、〔選挙という〕この名まえにかかっているのではなく、経済的基礎に、選挙人相互の経済的関連にかかっている。これらの機能が政治的であることをやめるやいなや、(1)統治機能は存在せず、(2)一般的機能の分担はなんらの支配をも生じない実務上の問題となり、(3)選挙は今日のような政治的性格をまったく失う」(『インタナショナル』264頁)。
　つまり「政治」は、階級間の支配をふくむ「統治」から、自発的な結合にもとづく「自治」へと変化していくのです。

5　未来社会は地球のどこにも生まれていない

　最後に、20世紀以後にあらわれた「われこそは社会主義の国だ」と自称する社会について見ておきます。その代表格は、なんといっても旧ソ連（ソビエト社会主義共和国連邦）でしょう。1991年のソ連崩壊の瞬間には「ソ連＝社会主義」「ソ連崩壊＝マルクス思想の破綻」という短絡的な議論が、NHKのテレビ番組をふくめてずいぶん大規模に展開されたものでした。その影響は現代の日本社会にも、まだあちこちに残っています。
　かつてソ連政府は、ソ連ではすでに生産手段の社会化が達成されていると主張しました。大企業は国有化され、農業も集団化されているというのがその根拠でした。しかし、すでに見たように生産手段の社会化は、ただ形だけ所有者を変えればよいという単純なものではありません。それは、はたらく者が「奴隷制のかせ」を完全に断ち切り、経済活動の本

当の主人公になるということで、その角度から点検すれば、ソ連社会の実態が社会主義とはまるで異なるものだったことは明らかです。

　第一に、ソ連経済の主人公は、実際には、専制的な国家の少数の官僚たちとなっており、労働者や農民はその命令にしたがうことを強制される存在でした。ソ連での生産手段の国有化や集団化は、それが社会の共有財産になるということではなく、国家権力を握る少数者が生産手段を独占するということでしかありませんでした。

　こういうソ連の体制は、1917年にロシア革命を成功に導いたレーニンの時代にではなく、1930年代の農業の強制集団化をきっかけにつくり出されたものでした。それはスターリンが個人独裁の政治体制を固めるために、レーニンを知る「世代の抹殺」とも呼ばれた「大テロル」の嵐を吹き荒れさせた時期のことでした。

　第二に、生産手段の社会化が達成され、「結合的生産様式」にもとづく社会が確立すれば、国家は死滅するというマルクスの展望に逆行して、ソ連は国内にむけては人びとを弾圧するための強い警察力をもち、国外に向けてはアメリカとの軍事力拡大競争の激化させるなど、むしろ時間の経過とともに国家権力を肥大化させていく特徴をもっていました。選挙や議会も形だけで、「共和国」というのは名ばかりの少数者支配の国家でした。

　以上を見るだけでも、ソ連社会の実態がマルクスの未来社会展望にまるで反するものであったことは明白です。ソ連は「社会主義の共和国」を自称しましたが、日本の自由民主党が実際には自由も民主も守らない「名は体を表さない」政党であるのと同じように、自称社会主義のソ連もまた「名は体を表さない」、マルクスの理論とはまるで無縁な社会なのでした。

　他にも中国、ベトナム、キューバなど、社会主義をめざすとする政権をもつ国はいまもありますが、いずれも社会主義を確立した社会ではありません。また社会主義を「めざす」ということの内容にも曖昧さがあ

■第10話　マルクスが資本主義の先に見た社会■

り、特に中国については、自由と民主主義の抑圧、軍事力の膨張、核兵器廃絶への抵抗、領土をめぐる覇権主義的行動など、社会主義をめざす道からの重要な逸脱を指摘せねばならない問題も生まれています。マルクスが展望した未来社会は、まだこの地球のどこにも誕生したことがありません。社会主義をめざすという国には、ぜひマルクスの未来社会論をよく研究し、権力ではなく人びとをこそ主人公とする、本来の変革の道を歩んでほしいと思います。

　この章の最初に述べたように、資本主義社会から未来社会への転換は、理想的な社会を「空想」することから始まるものではありません。海外のどこかの国をモデルにして、それを「空想」の代わりにすえて始まるものでもありません。日本における未来社会の展望は、現代日本社会の内部にあるもので、そこにいたる変革の具体的な道すじも、この社会の内部に見いだしていくほかないものです。

　日本政府を強い影響下においた日本経団連を頂点とする財界・大資本による国民の支配、これと結びついてとりわけ沖縄に被害を集中させるアメリカの日本への支配、自民党はじめ支配層に根深く染みついている戦前礼賛の復古的思想など、現代の日本社会がかかえる根本病理とのたたかいを、一歩一歩進めながら、同時に、それらの改革が日本の未来社会に向けて、どのような準備を成熟させていくかについても大いに注目が必要です。

　マルクスが資本主義の先に見た未来の社会を、私たちも現代日本の具体的現実の具体的な分析の上に、科学的、創造的に展望していきましょう。

第11話

マルクスの視点から
日本の変革主体と労働運動を考える

山田敬男

はじめに

　21世紀のいま、歴史的せめぎあいの時代を迎えています。この状況を民主的に打開するには、保守革新の枠を超えた国民的共同の運動が求められます。一言で言えば統一戦線の力です。支配層もしたたかですから、この国民的共同を分断させ、統一戦線運動の分裂と混乱を利用して、彼らの歴史に逆流する国づくり、社会づくりに必死になっています。こういうなかで、歴史の逆流を打ち破り、歴史を発展させる力、国民的共同を飛躍的に前進させる力はどこにあるのでしょうか。筆者はそれを2つの点から考えています。
　1つは、国民自身がいまの政治や社会に怒り、その変革に立ち上がることです。いまの世の中の何が問題で、この問題を解決するには、どうしたらよいかを国民自身が理解し、この変革の事業に積極的に参加することが求められています。民主主義の核心は国民主権と言えますが、政

■第11話　マルクスの視点から日本の変革主体と労働運動を考える■

> **アメリカの「独立宣言」（1776年）の革命権の叙述**　永く存続した政府は、軽微かつ一時的の原因によっては、変革されるべきではないことは、実に慎重な思慮の命ずるところである。したがって、過去の経験もすべて、人類が災害の堪え得られるかぎり、かれらの年来したがってきた形式を廃止しようとせず、むしろ耐えようとする傾向を示している。しかし、連続せる暴虐と簒奪の事実が明らかに一貫した目的のもとに、人民を絶対的暴政のもとに圧倒せんとする企図を表示するにいたるとき、そのような政府を廃棄し、自らの将来の保安のために、新たなる保障の組織を創設することは、彼らの権利であり、また義務である。

治が歪み悪政が継続するときに、これと闘うのは抵抗権、革命権の行使であり、国民主権の発動でもあります。アメリカの「独立宣言」に示されるように（『人権宣言集』岩波文庫、参照）、これは近代民主主義の原則でもあります。

　科学的社会主義は、現代における革命権の行使を多数者革命として位置づけています。マルクスとエンゲルスは、近代の革命を歴史的に総括し、少数者革命から多数者革命への転換が歴史の必然と考えていました。いま、日本では、「市民と野党の共闘」という統一戦線運動で国民的結集を目指しています。近い将来、この運動がマルクスらの指摘する国民自身による多数者革命の闘いに発展することが期待されます。

　もう一つは、労働運動の再生と発展です。いま日本では市民運動が先行していますが、中長期的に見れば、労働運動が国民的共同を支え、統一戦線運動の中心的役割を果たす必要があります。ところが、日本の労働運動は、高度成長が終わり、1980年代、90年代になると、構造的に困難な時代に入り、その本来の役割をはたしているとは言えません。1989年に連合が発足し、労働運動の主導権を戦後初めて反共的な右翼的潮流が握ることになります。そして、90年代には、新自由主義的「改革」に

表1　戦後の労働組合組織状況の推移

(各年6月末現在)

年	労働組合数	労働組合員数(千人)	推定組織率(％)	年	労働組合数	労働組合員数(千人)	推定組織率(％)
1945	590	381	3.2	1982	74,091	12,525	30.5
1946	17,266	4,926	41.5	1983	74,486	12,520	29.7
1947	23,323	5,692	45.3	1984	74,579	12,464	29.1
1948	33,926	6,677	53.0	1985	74,499	12,418	28.9
1949	34,688	6,655	55.8	1986	74,183	12,343	28.2
1950	29,114	5,774	46.2	1987	73,138	12,272	27.6
1951	27,644	5,687	42.6	1988	72,792	12,227	26.8
1952	27,851	5,720	40.3	1989	72,605	12,227	25.9
1953	30,129	5,927	36.3	1990	72,202	12,265	25.2
1954	31,456	6,076	35.5	1991	71,685	12,397	24.5
1955	32,012	6,286	33.5	1992	71,881	12,541	24.4
1956	34,073	6,463	33.5	1993	71,501	12,663	24.2
1957	36,084	6,763	33.6	1994	71,674	12,699	24.1
1958	37,823	6,984	32.7	1995	70,839	12,610	23.8
1959	39,303	7,211	32.1	1996	70,699	12,451	23.2
1960	41,561	7,662	32.2	1997	70,821	12,285	22.6
1961	45,096	8,360	34.5	1998	70,084	12,093	22.4
1962	47,812	8,971	34.7	1999	69,387	11,825	22.2
1963	49,796	9,357	34.7	2000	68,737	11,538	21.5
1964	51,457	9,800	35.0	2001	67,706	11,212	20.7
1965	52,879	10,147	34.8	2002	65,642	10,801	20.2
1966	53,985	10,404	34.2	2003	63,955	10,531	19.6
1967	55,321	10,566	34.1	2004	62,805	10,309	19.2
1968	56,535	10,863	34.4	2005	61,178	10,138	18.7
1969	58,812	11,249	35.2	2006	59,019	10,041	18.2
1970	60,954	11,605	35.4	2007	58,265	10,080	18.1
1971	62,438	11,798	34.8	2008	57,197	10,065	18.1
1972	63,718	11,889	34.3	2009	56,347	10,078	18.5
1973	65,448	12,098	33.1	2010	55,910	10,054	18.5
1974	67,829	12,462	33.9	2011	55,147	9,961	18.1
1975	69,333	12,590	34.4	2012	54,773	9,892	17.9
1976	70,039	12,509	33.7	2013	54,182	9,875	17.7
1977	70,625	12,437	33.2	2014	53,528	9,777	17.5
1978	70,868	12,383	32.6	2015	52,768	9,825	17.4
1979	71,780	12,309	31.6	2016	51,967	9,883	17.3
1980	72,693	12,369	30.8	2017	51,325	9,916	17.1
1981	73,694	12,471	30.8				

資料：厚生労働省「労働組合基礎調査」より

よって、職場社会の激変が始まり、職場の団結力、闘争力が後退していきました。無権利の非正規雇用労働者が増大し、正規雇用労働者が減少するなかで、労働者の組織率が2003年に20％を割り、19.6％に低下します。戦後のピークは、1949年の55.8％でしたが、53年から82年までは30％台でした。「減量経営」が推進されていた83年に30％を割り、そこからさらに20年たって、03年に10％台に減少したのです（**表1**参照）。職場の集団的関係が空洞化され、労働組合の団結の基盤が崩されています。

　この状況から抜け出すためにも、あらためてマルクスの労働組合論に学び、今日の労働運動再生の課題を考えてみる必要があります。

■第11話　マルクスの視点から日本の変革主体と労働運動を考える■

1　多数者革命を基本路線とする科学的社会主義の社会変革論

⑴マルクス、エンゲルスの多数者革命論

多数者革命論の特質

　多数者革命の特質は、労働者と国民自身が、自分たち多数の意思で社会を変えることが出来るという確信を持ち一歩一歩前に進んでいくことにあります。マルクスの盟友であるエンゲルスは、「マルクス『フランスにおける階級闘争』1895年版への序文」のなかで、近代の革命のあり方を総括し、それまでの「奇襲の時代、無自覚な大衆の先頭に立った自覚した少数者が遂行した革命の時代は過ぎ去った」と述べ、多数者による革命の必要性を提起しています。その場合、「社会組織の完全な改造ということになれば、大衆自身がそれに参加し、彼ら自身が、何が問題になっているか、なんのために彼らは〈肉体と生命をささげて〉行動するのかを、すでに理解していなければならない」「だが、大衆がなにをなすべきかを理解するため――そのためには、長いあいだの根気づよい仕事が必要である」と強調しています[1]。こうした多数者の自覚的結集による多数者革命を科学的社会主義はその革命論の根本的原則として位置づけています。

多数者革命論への転換を可能にさせたもの

　しかし、科学的社会主義の創設者であるマルクス、エンゲルスは最初から多数者革命の立場に立っていたのではありません。彼らの初期の革命論は、1789年のフランス革命をモデルとする少数者革命論だったのです。それが1860年代、70年代に、多数者革命論に転換し、それを本格的に探求していきます。

　1848～49年のドイツ革命に、2人は「共産主義者同盟」に加わり、積極的に参加します。この「共産主義者同盟」の綱領的文書が2人の執筆

183

による『共産党宣言』です。このときの2人の革命観は、恐慌に基づいて危機が生まれ、その危機は必ず革命を引き起こすが、労働者や人民は事前に組織され、準備されているのではなく、自然発生的に立ち上がり、革命の進行のなかで鍛えられるというものでした。これはかつてのフランス革命をモデルにしたもので、少数の革命家たちのイニシアチブによる少数者革命論です。1848〜49年の革命は敗北しますが、2人はその後しばらくは少数者革命論の立場に立っていました。

　彼らが少数者革命論の立場から多数者革命論の探求を本格的に開始するのが1860年代、70年代です。

　なぜこの大転換が起きたのでしょうか。第一に、マルクスの『資本論』研究の進展のなかで、恐慌のしくみを発見したことです。恐慌が、資本主義の体制的危機の爆発でなく、周期的に起きる経済現象であることがあきらかにされ、体制的危機に直結するものでなく、資本主義の上向きの発展のなかでも起きることが解明されたのです[2]。マルクスは恐慌と革命を直結する立場を完全に克服しました。

　第二に、資本主義の発展によって労働者階級が本格的に登場するなかで、マルクスが国際労働者協会（インタナショナル）の活動に参加し（1864年9月に創設）、革命の主体として労働者階級の成長・発展に関する理解を飛躍的に深めたことです。1848年革命の頃のヨーロッパを見ると、イギリスでは、18世紀後半から産業革命が起こり、工業化に成功していましたが、その他のヨーロッパ諸国は産業革命以前であり、「経済発達の水準が、当時まだとうてい資本主義的生産を廃止しうるほどに成熟していなかった」のです[3]。したがって、1848年革命時の労働者は、ほとんどが職人的労働者であり、近代的工場労働者が形成されていませんでした。その意味で、48年革命は資本主義経済がまだこれから発展していくときに起きたことになります。

　ところが、「1848年いらい全大陸をまきこんだ経済革命」によって、ヨーロッパ諸国で産業革命が進行します。この「産業革命こそ、いたる

■第11話　マルクスの視点から日本の変革主体と労働運動を考える■

ところで階級関係をはじめてはっきりさせ、…略…ひきついだ多くの中間的存在を除去して、ほんとうのブルジョアジーとほんとうの大工業プロレタリアートを生みだし、彼らを社会発達の前面へ押しだしたので」す[4]。

　こうした労働者階級の本格的登場と、労働運動の成長のなかで、1864年に国際労働者協会が創設され、マルクスも執行部の一員として活躍し、やがて中心的役割を果たすことになります。マルクスは、1848〜49年革命の挫折以後、イギリスに亡命し、20年近く、経済学研究に没頭し、実践活動から離れていましたが、国際的な労働者組織が創設されるということで、『資本論』の執筆最中でしたが、再び実践活動に復帰することになります。マルクスは、「創立宣言」「暫定規約」やインタナショナルの諸方針の大半を執筆するなどの活躍をします。国際労働者協会の活動を通じ、社会変革の主体としての労働運動の発展に確信を持ちます。こうした体験を得て、かつての少数者革命路線から労働運動を軸とする多数者革命路線への転換が進みます。

　エンゲルスは、「強力なプロレタリアート軍さえも、いまだにその目標を達成していない。しかもいま彼らが一度の打撃で勝利を獲得することは思いもよらず、きびしい、ねばり強い闘争によって一陣地より一陣地へと徐々に前進しなければならないとすれば、そのことは、1848年革命にたんなる奇襲によって社会改造に成功することがいかに不可能であったかを、決定的に証明する」と語っています[5]。

　このように、『資本論』の研究や国際労働者協会における労働運動の組織化の経験などが重なり合い、1860年代から70年代にかけて、マルクス、エンゲルスは、恐慌に基礎を置く少数者革命路線から、労働運動の組織化を軸に置いた多数者革命路線への大転換と本格的な探究を開始したのです。

(2)レーニンの統一戦線論
"最後の三年間"の多数者革命路線への接近

マルクスとエンゲルスの多数者革命路線を継承したのは、ロシアの革命家レーニンでした。レーニンは1917年のロシア革命後の列強諸国の干渉戦争の時期に、少数者革命論の立場に立ち、革命前に多数者を獲得するのは不可能であるとし、19年のコミンテルン[6]結成にあたって、この少数者革命路線をコミンテルン加盟国に押しつけたのです。しかし、期待していた先進国の革命が起きない複雑な情勢の中で、少数者革命路線からの転換を図ります。これは、日本共産党の不破哲三氏の指摘する"荒れた時期"から理論的活力を取り戻す"最後の三年間"への転換でした[7]。

レーニンはコミンテルン第3回大会（1921年）で、先進国では「きわめて早急に、革命がおこる」と予期していたが、「われわれが予期したほど一直線にすすまなかった」とふりかえり、「いま必要なことは、革命を根本的に準備し、先進的な資本主義諸国における革命の具体的な発展をふかく研究すること」をこの間の闘いの教訓としたのです。そのうえで、労働者階級だけでなく、「すべての被搾取・被抑圧者の多数者」の獲得を提起しました[8]。

そして、1921年のコミンテルン拡大執行委員会とコミンテルン第4回大会（22年）で統一戦線戦術として具体化されます。重要なことは、この「統一戦線戦術全体から不可避的な結論として」、「労働者政府」の問題が提起されたことです[9]。「労働者政府」は労働者階級の権力の政府ではなく、それに接近する中間的段階の政府であり、統一戦線運動による多様な社会変革の道が模索されていたのです。

(3)日本における多数者革命路線の進展
「自由と民主主義の宣言」の発表

今日の「市民と野党の共闘」の前進の背景には、日本の社会運動に一

定の影響力を持つ日本共産党の路線の深化があります。同党が自主独立の立場を堅持し、先進国社会、市民社会に照応する革命政党への脱皮を目的意識的に追求し、基本的に成功しました。1970年代から、根本的なスターリン批判とレーニン理論の見直しを行いながら、マルクスの理論と精神に立ち戻る探究が本格的に開始されたのです。革命論＝社会変革論の分野における「機動戦型階級闘争論」から「陣地戦型多数者革命論」への転換ともいえます。

　1970年の第11回党大会で、すすんだ資本主義国の革命は、「新しい、人類の偉大な模索と実践の分野」と位置づけ、「人民的議会主義」の路線を打ち出し、先進国革命路線の探究を宣言しました。日本共産党の路線の発展に大きな意味を持つのは、76年の第13回臨時党大会でした。この大会で、「マルクス・レーニン主義」の呼称が「科学的社会主義」に変更されます。そして、「自由と民主主義の宣言」が発表されました。この「宣言」の中で、「三つの自由」（「市民的政治的自由」「生存の自由」「民族の自由」）が提起され、民主主義革命の段階でも、未来社会の段階でもこの「三つの自由」を守り、全面的に発展させることがあきらかにされます。とくに、未来社会において「国定の哲学」を持たず、反体制政党でも合法性を守る限り、その存在が容認される複数政党制、選挙で国民の支持を失えば、共産党を含めて政権交代が行われる議院内閣制の継承発展の提起が注目されます。当時のソ連型「社会主義」ではあり得ないことでした。まさに、自由と民主主義の発展の中に未来社会を展望する提起だったのです。

9条論の変化発展

　また、共産党の9条論が変化発展します。共産党は、1968年から80年代ぐらいまで、独立・民主・中立の段階になったら、国民的合意に基づいて憲法9条を変え、必要最小限度の自衛措置をとる場合もあり得るという態度をとっていました。それが90年代になって根本的に転換し、

1994年の第20回大会で、1925年の毒ガス兵器の使用禁止、28年の不戦条約、そして45年の国連憲章などの意義をあきらかにしながら、「人類の歴史の歩みは、戦争を禁止し、武力行使や威嚇を排除し、国際紛争の平和的解決へとすすんできました。日本国憲法の第九条は、こうした世界における幾多の戦争の苦しみのなかから人類が学びとった叡智の一つの結晶であり、世界史の流れにてらして国際的に先駆的な意義をもつもの」と評価したのです（『前衛』臨時増刊、第20回大会特集、33頁）。憲法9条が人類の歴史的財産であるとの認識を示し、9条のもとで未来社会を展望しました。

市民運動と「心の通う協力関係」を築くことを宣言

　さらに、学校におけるいじめ、非行問題など社会的問題が深刻になる中で、共産党の社会問題の位置づけが進展します。97年の第21回大会で「いま、日本の社会が当面している諸問題のなかには、自民党政治の害悪との関連ももちろんあるが、悪政の結果だということだけに解消するわけにはゆかない社会的諸問題も数多く存在している」と述べ、「政治をただせばすべて解決するかというと、それだけではない」と断じたのです。そのうえで、「民主的な社会の建設者として」、「必要な打開策を提案」しました（『前衛』臨時増刊、第21回大会特集、65〜66頁）。ここで重要なことは、政治に解消されない社会問題の独自性に着目し、「社会の建設者」という表現で社会的主体のあり方にふれていることです。

　さらに、2000年の第22回大会で、社会運動を労働運動と市民運動の2本柱で整理します。そして、市民運動が、「さまざまな分野で活溌な広がりをみせ、インターネットなどをつうじた創意的な活動によって情報のネットワークをつくり、社会的に大きな影響力を発揮しつつあることも、注目すべき新しい動向」と評価します。そのうえで市民運動との「心の通う協力関係」を築くことを宣言しました（『前衛』臨時増刊、第22回大会特集、35頁）。

レーニン理論の相対化と『国家と革命』の見直し

　注目すべき努力は、レーニン理論の相対化を進めたことです。この点で大きな意味を持つのは、不破哲三『レーニンと「資本論」』全7巻（新日本出版社、1998〜2001年）の刊行です。不破氏は「レーニンをレーニン自身の歴史の中で読む」という視点から、レーニンの理論的活動を3つの時期に区分します。第一の時期は、革命活動に参加してから1917年の10月革命の勝利にいたる時期。第二期は、帝国主義の武力干渉と生死を賭けてたたかった時期です。厳しい情勢の中で、レーニンが理論的活力を失い、大変に"荒れた時期"でした。第三期が1921〜23年の時期。レーニンの"最後の三年間"であり、理論的活力を取り戻し、多くの新しい境地を切り開いた時期と評価します。

　とくに日本共産党の路線との関連で重要なのは、『国家と革命』の見直しです。不破氏は、ロシア的特殊性を無視して、武力革命原則論、少数者革命論を国際革命運動の一般原則にしたレーニンの問題を検討し、革命論ではマルクスを本格的に継承できなかったことを指摘しています。第三の時期には、先ほど述べたように、レーニンは路線転換を図り、統一戦線戦術など多数者革命論に接近しますが、未完のまま24年になくなります。

「前衛政党」規定の削除

　2000年の第22回大会で共産党の規約が全面改定され、「前衛政党」規定が削除されました。規約改定の報告で、不破哲三氏（当時委員長）は「『前衛政党』の規定も、この事業の歴史のなかでみれば一時期にあらわれた規定であって、科学的社会主義の事業とその共産党論、労働者党論の、初からの本来のものではありませんでした」とする指摘を行っています（『前衛』臨時増刊、第22回大会特集、122頁）。さらに、不破氏は、大会前の7中総（2000年9月）における党規約改定報告で「この『前衛』

という言葉には、誤解されやすい要素があります。つまり、私たちが、党と国民との関係、あるいは、党とその他の団体との関係を、『指導するもの』『指導されるもの』との関係としてとらえているのではないかと見られる誤解であります」とまでのべています（『前衛』第22回大会特集、143頁）。創立以来の前衛政党という規定を正式にとりやめ、指導政党という立場を否定したのです。

　この前衛規定の削除は、統一戦線運動や社会運動のあり方にきわめて大きな影響を与えます。共産党と労働組合、市民団体、民主団体の関係は対等平等であり、革命政党であるかどうかは看板で決まるのではなく、実際のイニシアチブや実績による労働者や国民の信頼によって決まるという立場を明確にしたのです。これは日本国憲法下の民主主義社会、市民社会に適合する日本共産党の自己改革の方向を示したものといえます。この間の「市民と野党の共闘」で発揮された同党のイニシアチブは、こうした自己改革と連動していると思われます。

「人間の自由」を軸に現在と未来を語る見地の獲得

　70年以来の先進資本主義国、市民社会における社会変革の路線の探究の到達点が、2004年の第23回大会における新綱領の確定でした。新綱領の目玉の一つが未来社会論の新しい規定です。従来の国際的な定説である分配論による社会主義、共産主義二段階論を克服し、「人間の自由な発達」を軸に未来社会を展望しました。これもレーニンの『国家と革命』の批判的検討とマルクスの『ゴータ綱領批判』の再検討の結果でした。こうして日本共産党は、「人間の自由」を軸に現在と未来を語るいっかんした見地を獲得したのです。

2　現代日本の変革主体と国民的共同

(1)統一戦線運動の現段階の特徴と可能性

■第11話　マルクスの視点から日本の変革主体と労働運動を考える■

社会運動再生への新しい動き

　いま、日本の政治や社会を変える道は「市民と野党の共闘」にあります。この共闘が今日の統一戦線運動の到達点なのです。統一戦線とは、簡単に言えば、持続的な共闘ということです。かつては、とくに1960年代から70年代頃は、社会党、共産党を中心とする革新統一で国民を結集し、政治や社会の変革を目指していました。その成果は全国に革新自治体を実現したことに示されています（70年代半ばには、日本の全人口の約４割が革新自治体で生活していた）。

　ところが、1980年の社会党と公明党の政権構想合意である「社公合意」で状況が変わります。社会党がそれまで反対していた日米安保条約や自衛隊を容認し、共産党とは手を切るという合意でした。社会党の右転落が始まり、その前後に革新統一が破壊され、革新自治体が壊されてしまったのです。その結果、80年代から90年代は、統一戦線運動が分断され、試練の時代になります。

　90年代になり、ソ連が崩壊し、冷戦が終わると、それまでの保守対革新という時代が終わり、これからは「構造改革」を推進する「改革派」とそれに反対する「守旧派」の争いであり、労働組合運動や革新的な活動は「守旧派」の運動である――というイメージがつくられていきます。

　やがて21世紀になり、状況が大きく変わります。小泉内閣に象徴される新自由主義的「構造改革」が格差と貧困を拡大し、社会の荒廃を深刻にさせたのです。1998年から13年間連続して、自殺者が３万人を超えます。職場、地域の人間関係が壊され、地域社会の解体が進み、NHKスペシャルが「日本社会は"無縁社会"になり、国民の"究極の孤独"が進行している」と指摘するようになります[10]。

　また、アメリカの反テロを掲げるアフガニスタン戦争（2001年～）やイラク戦争（2003年～）に日本が協力する中で、日米同盟がグローバル化し、やがてそのために９条改憲が提起されます。とくに2006年に安倍内閣が登場すると、"戦後レジュームの打破"が叫ばれ、改憲の危険性

が現実のものになります。

　こうした経済、社会、政治などあらゆる分野で戦後民主主義に逆行する動きが強まる中で、社会運動の再生と前進が始まったのです。2004年に「九条の会」が発足し、08年から09年にリーマン・ショックのなかで「派遣村」の運動が始まります。また、派遣労働者の雇い止めに対する「反乱」も起きます。そして、東日本大震災、福島の原発事故（2011年3月11日）を画期に、社会運動や民主運動が活性化を取り戻したのです。とりわけ脱原発の運動や、新基地建設に反対する「オール沖縄」の闘いが大きな意味を持ちました。こうした諸運動の合流が2015年の戦争法（安保関連法）反対の闘いでした。80年代、90年代の分断と混乱を抜け出して「市民と野党の共闘」という幅広い共同闘争を実現したのです。

2015年の安保関連法反対闘争の歴史的意味

　安倍内閣は、2014年7月に集団的自衛権の行使を容認する「閣議決定」を行い、15年9月に安保関連法を強行しました。これに対して、市民の闘いが大きく盛り上がり、この中で「市民と野党の共闘」が実現したのです。2015年の共同闘争を主導したのはこれまでとは違う新しい市民運動でした。

　この共同闘争と新しい市民運動の特徴はどこにあったのでしょうか。

　その特徴は、第一に、既存のほとんどの護憲勢力を結集した「総がかり行動実行委員会」が結成され（14年12月）、国民的共同の受け皿ができあがったことです。市民運動団体の「解釈で憲法9条を壊すな！実行委員会」が仲立ちとなって、連合系組合が参加する「戦争をさせない1000人委員会」、全労連が参加する「憲法共同センター」との共闘が実現したのです。国民的共同を土台で支える共同組織＝「総がかり行動実行委員会」が結成されたことはきわめて大きな意味を持っていました。

　第二に、この「総がかり行動実行委員会」とSEALDs（自由と民主主義のための学生緊急行動）、若者憲法集会実行委員会、「安保関連法案に

反対するママの会」「安保関連法案に反対する学者の会」などの広範な市民運動が合流し、空前の国民的共同が実現したことです。この市民運動は、合法主義、非暴力主義に徹し、誰もが気軽に参加できる運動をつくりだし、さらに、既存の平和民主勢力との連携を求めていることに大きな特徴があります。15年12月、市民連合（安保法制の廃止と立憲主義の回復を求める市民連合）が発足します。

　第三に、この国民的共同が新しい社会運動の質をつくり出していることです。運動の中心に広範なリベラル派＝市民が登場したことがこれまでにない特徴です。運動参加者が、自分の意思で参加し、自分の言葉で怒りを表現し、自分の足で行動に立ち上がったのです。主権者としての自覚の成熟といえます。また「個人の尊厳」の自覚の深化とも言えます。この意味で、今度の市民運動の特質は、主権者が主権者としての自分を取り戻す運動であったといえます。

　この国民的共同はかつての革新統一の単純な復活ではなく、社会党の事実上の消滅（1996年1月）という条件の下で、「市民と野党の共闘」という新しい国民的共同の実現でした。戦争法を阻止することはできませんでしたが、2016年の参議院選挙では、32の1人区で統一候補が実現し、11の選挙区で勝利しました。まさに「市民と野党の共闘」は、今日における統一戦線運動の新しい発展といえます。

3　マルクスの労働組合論と日本における労働運動再生の課題

(1) マルクスの労働運動論と労働組合の存在意味

マルクスの労働組合論の特徴

　マルクスは、1840年代から、労働運動の歴史的必然性を主張していました。当時のほとんどの社会主義者は、労働者の団結、労働組合は無意味で有害としており、マルクスは少数派であったのです。1860年代になると、ヨーロッパで労働運動が高揚を迎え、先ほど述べたように、マル

クスは国際労働者協会の運動に参加し、労働運動のあり方、原則論をあきらかにしていきます。この時期になっても、国際的に見ると、ドイツのラサール派やフランスのプルードン派[11]は賃金闘争や労働組合を無意味なものとして否定していました。その中で、イギリスの古参のオーエン主義者[12]であったウェストンが国際労働者協会の中央評議会（66年以降総評議会）で賃金闘争と労働組合否定論を持ち出したのです。この問題をめぐる討論が行われ、1865年６月に、２度にわたってマルクスが原稿を用意して発言しました。このとき、マルクスは『資本論』の執筆に本格的に取りかかっているときでしたが、経済学の基本から賃金闘争や労働組合の必要性を説得的に解明したのです。この原稿が『賃金、価格及び利潤』です。

　1866年９月にジュネーブで、国際労働者協会第１回大会が開かれました。大会前の７月の中央評議会で報告が承認されますが、この報告をマルクスがまとめたのが「個々の問題についての暫定中央評議会代議員への指示」でした。大会ではこの「指示」が評議委員会の公式の報告として読み上げられます。「指示」は11項目からなりますが、その６項目が「労働組合。その過去、現在、未来」でした。これは科学的社会主義の立場で、マルクスによって初めて体系的に展開された労働組合論です。短いものですが、今から見ても極めて重要な内容が簡潔にまとめられています。先ほどの『賃金、価格及び利潤』はこの「労働組合。その過去、現在、未来」の経済的基礎を述べたものと言えます。

　「労働組合。その過去、現在、未来」であきらかにされたマルクスの労働組合論の特徴はどこにあったのでしょうか。

　第１に、労働者と資本の契約をよりよいものにする「労働者のもつ唯一の社会的な力は、その人数である」とし、この「人数の力は不団結によって挫かれる。労働者の不団結は、労働者自身のあいだの避けられない競争によって生みだされ、長く維持される」と述べています。仲間が大勢いるという「数の力」が労働者の「社会的力」なのです。マルクス

■第11話　マルクスの視点から日本の変革主体と労働運動を考える■

が執筆した国際労働者協会の「創立宣言」のなかでも、「だが、人数は、団結によって結合され、知識によってみちびかれる場合にだけ、ものをいう」と明記されています。「団結」と「知識」によって、「人数の力」が「社会的力」になると言うのです。

　第2に、労働組合は、「この競争をなくすかすくなくとも制限」して、よりましな契約条件を闘いとるために「自然発生的な試みから生まれた」とその起源を説明します。したがって、労働組合の当面の目的は、「日常の必要をみたすこと、資本のたえまない侵害を防止する手段となることに、限られていた」のであり、それは「一言でいえば、賃金と労働時間の問題に限られていた。労働組合のこのような活動は、正当であるばかりか、必要でもある。現在の生産制度がつづくかぎり、この活動なしにはすますことはできない」と労働組合活動と経済闘争の必然性を指摘しています。

　第3に、「労働組合は、みずからそれと自覚せずに、労働者階級の組織化の中心となってきた」とその歴史的役割にふれ、現在、「資本と労働のあいだのゲリラ戦にとって必要であるとすれば」、将来の「賃労働と資本支配との制度そのものを廃止するための組織された道具としては、さらにいっそう重要である」と展望しています。

　第4に、当時のイギリスなどの労働組合運動が「局地的な、当面の闘争にあまりにも没頭しきっていて、賃金奴隷制そのものに反対して行動する自分の力をまだ十分に理解していない」ため、「一般的な社会運動や政治運動からあまりにも遠ざかっていた」と指摘しています。この指摘は、今日の日本の労働組合運動の現状にも当てはまります。

　第5に、労働組合は、これからの展望として、当面の目的とともに、「労働者階級の完全な解放という広大な目的のために、労働者階級の組織化の中心として意識的に行動することを学ばなければならない」し、「この方向をめざすあらゆる社会運動と政治運動を支援しなければならない」と呼びかけています[13]。

(2)労働運動再生の課題
労働組合運動の存在意味が問われている

　「市民と野党の共闘」が大きく前進しているなかで、労働運動への期待が強まっています。しかし、日本の労働運動は、1980年代、90年代から、構造的に困難な時代に入っています。この困難を打開するため、マルクスの労働組合運動論を参考にしながら、あらためて労働組合運動の存在意味やあり方、運動の基本原則を考えてみたいと思います。

　一つに、労働組合は、仲間の"命とくらし"を守ることに存在意味があることです。人間らしい生活を実現するには、賃金、労働条件、職場における権利、などが保障されなければなりません。地域との関連を意識した職場闘争の強化がきわめて重要になります。

　もう一つは、"命とくらし"を守るには、政治を変えなければならないし、そのためにも国民的共同＝統一戦線運動を発展させ、その中心的勢力として労働組合の役割が重要になっています。戦後のまともな労働組合は、いっかんしてこの統一戦線運動の中心的な勢力として活躍してきました。今日で言えば、「市民と野党の共闘」を職場、地域から支えることです。ここで強調したいのは、中心的役割といっても、「指導」ではなく、マルクスが言うように「支援」だということです。

　三つめは、労働者階級の「社会的力」を実現するためにも、未組織労働者や非正規労働者の組織化に力を入れることです。いま労働組合の組織率は17％程度であり、雇用労働者の４割近くが非正規労働者です。労働者階級の「数の力」を発揮するうえで、きわめて重要な課題になっています。

　四つめは、系統的な学習教育を強め、階級的自覚をもつ活動家集団を再構築することです。戦後の労働運動を推進してきた活動家集団が弱体化しているのが今日の深刻な問題です。情勢や闘争課題のそもそも論とともに、ものの見方、社会や経済のしくみ、社会の発展法則、未来社会

■第11話　マルクスの視点から日本の変革主体と労働運動を考える■

論などの科学的社会主義の基礎理論の学習が今日ほど求められているときはありません。「団結」と同時に「知識」による活動家の育成が労働組合の「社会的力」を取り戻すうえで決定的になっています。

　五つめは、闘争の原則として賃金、労働時間などの経済闘争と政治闘争を結合することです。例えば、なぜ労働組合が憲法問題に取り組む必要があるのかという疑問が出された場合、「９条なくして生存権は保障されない」という視点の議論が大切です。さらに重要なことは、経済闘争が労働組合の土台ですが、「労働者階級の完全な解放という広大な目的」に向けて、政治や社会の根本的改革をめざすことが重要な課題になっていることです。運動が後退しているときにはこの点が軽視されがちですが、いまこそ労働組合の歴史的役割の理解を深めることが大切です。

　六つめは、組合民主主義の成熟です。組合を活性化するには、組合員一人ひとりが参加できる組合機関の民主的運営が重要です。「納得」と「共感」に基づく組合運動をつくるには、決定のプロセスや議論を大切にすることです。「みんなで討論、みんなで決定、みんなで実践」という労働組合の民主的ルールを確立することが重要になっています。

市民的自覚を媒介にした階級的自覚の重要性

　統一戦線運動や労働組合運動の再生と前進に大きな意味を持つのは、運動のイニシアチブを握る自覚的な活動家層の存在です。いま、活動家に求められるのは、「市民としての成熟を媒介にした階級的自覚」を身につけることです。一般的に、階級的自覚とは、労働者階級の歴史的使命の理解であり、自分が労働者であるという自覚とともに、労働者がどのような状態に置かれ、それから解放されるには何をしたらよいのか、どのような運動が求められているかという理解のことです。具体的に言えば、自らの解放のためには、全国的に団結し、政治を根本的に変革しなければならないことの理解ともいえます。

　マルクスは、1847年に執筆した『哲学の貧困』のなかで、資本の支配

表2　戦後日本の階級構成と変化

(年)	実数(1000人)							構成比(%)						
	1950	1970	1980	1990	2000	2010	2015	1950	1970	1980	1990	2000	2010	2015
総労働力人口	36,309	52,822	57,076	63,658	66,098	62,405	60,753	100.0	100.0	100.0	100.0	100.0	100.0	100.0
労働者階級	13,888	31,158	38,008	47,430	52,613	51,209	50,733	38.2	59.0	66.6	74.5	79.6	82.1	83.5
自営業者	21,403	18,385	15,576	12,639	10,547	8,033	7,382	58.9	34.8	27.3	19.9	16.0	12.9	12.2
農林漁業従事者	16,189	9,570	5,592	3,955	2,886	2,012	1,814	44.6	18.1	9.8	6.2	4.4	3.2	3.0
都市型自営業者	5,214	8,815	9,984	8,684	7,660	6,021	5,568	14.4	16.7	17.5	13.6	11.6	9.6	9.2
資本家階級	681	2,633	2,701	2,725	1,916	1,533	1,545	1.9	5.0	4.7	4.3	2.9	2.5	2.5
(軍人・警察・保安)	337	646	770	860	1,022	1,064	1,092	0.9	1.2	1.3	1.4	1.5	1.7	1.8

(注)　1950年は、大橋隆憲編著『日本の階級構成』（岩波新書、1971年）。1970年は土居英二「現代日本の貧困化と階級構成」（『講座現代経済学Ⅳ　現代日本経済論』青木書店、1982年）。1980、1990年は友寄英隆「80年代に日本の階級構成はどう変化したか」（「『赤旗』評論特集版」1992年6月22日）より。
資料：『経済』2017年1月号、羽田野修一氏論文。

がつくり出す利害関係によって形成される労働者階級を「資本にとっての階級」とし、闘争のなかで相互に結合し、形成される労働者階級を「大衆それ自体にとっての階級」と区別しています[14]。前者は経済的利害関係に基づく労働者階級であり、今日の日本では階級構成比で83.5%になります（**表2**参照）。

　しかし、重要なことは階級闘争のなかで階級的自覚に基づき形成される労働者階級です。それをマルクスは、「大衆それ自体にとっての階級」と規定していますが、このいわば政治的に編成された労働者階級が階級闘争の主体としてイニシアチブを発揮することになります。この階級的自覚に基づき形成される労働者階級＝「大衆それ自体にとっての階級」の存在が決定的な意義を持っているのです。

　それでは、こうした階級的自覚の形成が市民としての成熟を媒介にするとはどういうことでしょうか。

　いま、日本の社会運動や労働組合運動は、憲法を生かした社会づくり、憲法を生かした職場や地域の再生を基本課題にしています。日本の社会変革は、憲法を生かした社会づくりを媒介にしなければならないのです。そうであれば、社会運動や労働組合運動の担い手には、日本国憲法の基本原則である主権者の自覚が求められます。この間の運動を通じて、主

■第11話　マルクスの視点から日本の変革主体と労働運動を考える■

権者の自覚とともに、「個人の尊厳」の自覚の重要性も指摘されています。この主権者としての自覚、さらには「個人の尊厳」の自覚が今日の市民の成熟とも言えるのです。

　いま、「市民と野党の共闘」を支え、市民運動との相互連関の中で労働運動を進めていく活動家のあり方が問われています。結論から言えば、先ほど述べた階級的自覚や市民の自覚を持った活動家が求められているのです。今日の労働者階級の階級的自覚の形成は、この意味で、「個人の尊厳」と主権者としての自覚、つまり市民としての成熟を媒介にしなければならないのです。

〈注〉
（1）エンゲルス『多数者革命』不破哲三編集・文献解説、新日本出版社、所収、261頁。
（2）不破哲三『科学的社会主義の理論の発展』学習の友社、2015年、参照。
（3）前掲『多数者革命』、250頁。
（4）前掲『多数者革命』、250－251頁。
（5）前掲『多数者革命』、251頁。
（6）1919年から43年まで続いた科学的社会主義を指導理論とする世界の共産主義運動の統一組織。コミンテルンの功罪の歴史的総括が求められている。
（7）前掲『科学的社会主義の理論の発展』。
（8）『レーニン全集』大月書店、第32巻、512－513頁。
（9）「コミンテルンの戦術に関するテーゼ」（『世界政治資料』NO.261,1967年）
（10）「無縁社会の実態」（『週刊ダイヤモンド』2010年4月3日）
（11）ラサール派は、国家補助による生産協同組合の設立をめざし、政治的にプロイセン君主制と接近する誤った運動路線を主張していた。プルードン派はフランスの社会主義派のなかでも最も大きな勢力であったが、「労働組合はつくるべきではない」がその基本的態度であった。
（12）イギリスの空想的社会主義者ロバート・オーエンの支持者たち。イギリスにおける社会主義の有力な潮流の一つ。
（13）以上、マルクス「労働組合。その過去、現在、未来」（『インタナショナル』不破哲三編集・文献解説、新日本出版社、所収、56－58頁）。
（14）『マルクス・エンゲルス全集』第4巻、189頁。

あとがき

　今年はマルクス生誕200年です。日本ではこの40数年来、いわゆる従来型の「マルクス・レーニン主義」を根本的に見直し、マルクスの精神に立ち返り、科学的社会主義の魅力を取り戻す作業が進行中です。労働者教育においても、複雑で激動する現実と格闘しながら、科学的社会主義の立場に立った学習教育運動のあり方が模索されています。こうした模索と努力をいっそう進展させるには、改めてマルクスの理論、精神を今日の時代的要請との関連でどのように学び、どのように考えるかをそれぞれの分野で検討することが極めて重要になっていると思われます。

　マルクスは19世紀に活躍した思想家であり、革命家です。そのマルクスの考え方が、21世紀の今でも有効であると私たちは考えています。時代を超える大変魅力的な思想家です。マルクスの理論や思想の神髄は、「科学の目」と「変革の精神」にあります。マルクスと盟友のエンゲルスは、現実と闘い、人々の解放を願いながら、問題の本質を深く考え、問題の解決の方向をあきらかにする態度を一貫してとっていました。そこには真理を究明しようとする「科学の目」と、困難な現実を打開しようとする「変革の精神」が満ちあふれていたのです。

　またマルクスの理論は、閉鎖的で硬直化した学説、ひとりよがりの偏った考え方ではなく、人類の知的財産とも言える諸潮流と内在的に格闘し、その成果を継承し、発展させた科学としての社会主義であり、「開かれた創造的な理論」と言えます。マルクスやエンゲルスを創始者とする科学的社会主義は、彼らがゼロからいきなり創りあげたものではなく、それまでの人類が生みだした理論や思想を科学的に変革して創りあげたものなのです。科学であり、変革の理論であるマルクスの考え方は、不断の努力を積み重ね、自己検討を行いながら、自らの理論の発展を求めています。その意味で、マルクスの理論は、決して完成された「終着駅」などではないのです。したがって、マルクスの理論を学ぶうえで大

切なことは、彼の個々の言説を絶対化するのではなく、彼の「科学の目」と「変革の精神」を吸収することにあると言えます。こうした問題意識にたちながら、「マルクスの生き方と思想」、「資本主義の分析と批判」、「社会変革と未来社会」という３つの領域からなる『21世紀のいま、マルクスをどう学ぶか』という本書を刊行することにしました。本書の特徴と私たちの願いは次の通りです。

　１）マルクスの生き方、思想、理論を３つの角度から全体的に考えることが出来るように工夫しました。この３つの角度からマルクスの思想と理論を全体的に見るということが本書の最大の特徴と言えます。

　２）できるだけやさしく、わかりやすい叙述を心がけました。本書をできるだけ多くの方々に読んで頂きたいと思っています。マルクスを読んだことがない、社会科学の学習はこれからという方が多いのではないでしょうか。そういう方にも、マルクスと社会科学の学習に関心をもって頂くために、できるだけわかりやすい論立てと筆者の問題意識が鮮明になるように努力いたしました。

　３）単なるマルクスの解釈論文でなく、今日の労働者や市民がぶつかっている諸問題、言い換えれば今日の時代の課題と関連付けて論じるように努力しました。労働者や市民がぶつかっている問題を考えるうえで、マルクスの精神や理論がどのように意味があるか、どのように有効であるかをわかりやすく展開したつもりです。

　４）市民サークルの学習会、労働組合の学習会、地域の労働学校、『学習の友』や勤通大の学習会などで、本書を使用したり、参考文献にして、マルクスについて大いに議論していただければ幸いです。

2018年11月15日

　　　　　　　　　　　　　　　　　　　編著者　山田敬男
　　　　　　　　　　　　　　　　　　　　　　　牧野広義
　　　　　　　　　　　　　　　　　　　　　　　萩原伸次郎

［カール・マルクスの略歴］

1818年5月5日	ドイツのトリーアで生まれる。
1835年10月	ボン大学法学部に入学。詩作などに熱中。
1836年10月	ベルリン大学法学部に入学。ヘーゲル哲学の研究
1841年3月	ベルリン大学を卒業。4月に論文「デモクリトスとエピクロスの自然哲学の差異」でイエーナ大学から博士の学位授与
1842年4月	『ライン新聞』に協力。10月から編集者になる。
1843年3月	『ライン新聞』辞職。6月にクロイツナハでイェニー・ヴェストファーレンと結婚。
1843年10月	パリに移る。11月から社会主義者・労働者らと交流。
1844年2月	「ユダヤ人問題によせて」、「ヘーゲル法哲学批判序説」（『独仏年誌』）。 4月から『経済学・哲学草稿』を執筆。 8月にエンゲルスと再会。
1845年2月	パリから追放されて、ブリュッセルに移る。 エンゲルスと『聖家族』を出版。 春に「フォイエルバッハにかんするテーゼ」を執筆。 9月から『ドイツ・イデオロギー』をエンゲルスと共同執筆。
1846年初め	ブリュッセルに共産主義通信委員会を設立。
1847年7月	『哲学の貧困』でプルードンを批判。共産主義者同盟に参加。
1848年2月	『共産党宣言』を出版。 3月にベルギーから追放され、パリに移る。 4月にケルン移り、『新ライン新聞』を発行し、革命運動に参加。
1849年	『新ライン新聞』に「賃労働と資本」など多数の論文を発表。 5月『新ライン新聞』発行禁止。8月にロンドンに亡命。
1850年2月	『新ライン新聞　政治経済評論』を11月まで出版。
1851年1月	大英博物館で経済学研究に取り組む。 8月から『ニューヨーク・デイリー・トリビューン』に寄稿。
1857年〜58年	『経済学批判要綱』を執筆。
1859年6月	『経済学批判』を出版。

1864年9月	国際労働者協会創設。 10月にその「創立宣言」「暫定規約」を執筆。
1866年8月	「個々の問題についての暫定中央評議会代議員への指示」執筆。
1867年9月	『資本論』第1巻を出版。
1871年3月	パリ・コミューン成立。5月に崩壊。 「フランスにおける内乱」発表。
1873年6月	『資本論』第1巻第二版を出版。
1875年5月	「ゴータ綱領批判」を執筆。
1883年3月14日	ロンドンで死去。
1883年11月	『資本論』第1巻第三版をエンゲルスが出版。
1885年7月	『資本論』第2巻をエンゲルスが編集して出版。
1894年12月	『資本論』第3巻をエンゲルスが編集して出版。

(作成　牧野広義)

【編著者】

山田敬男	（やまだ・たかお）	労働者教育協会会長
牧野広義	（まきの・ひろよし）	阪南大学名誉教授
萩原伸次郎	（はぎわら・しんじろう）	横浜国立大学名誉教授

【著者】

赤堀正成	（あかほり・まさしげ）	専修大学社会科学研究所客員研究員
東　洋志	（あずま・ようし）	東京自治問題研究所研究員
石川康宏	（いしかわ・やすひろ）	神戸女学院大学教授
岩佐　茂	（いわさ・しげる）	一橋大学名誉教授
妹尾典彦	（せのお・のりひこ）	関西勤労者教育協会理事長
友寄英隆	（ともより・ひでたか）	労働者教育協会理事
長澤高明	（ながさわ・たかあき）	立命館大学非常勤講師
長久啓太	（ながひさ・けいた）	岡山県労働者学習協会事務局長

21世紀のいま、マルクスをどう学ぶか

2018年12月1日　初　版　　　　　　　　定価はカバーに表示

編著者　山田敬男／牧野広義／萩原伸次郎

発行所　学習の友社
〒113-0034東京都文京区湯島2-4-4
TEL 03-5842-5641　FAX 03-5842-5645　tomo@gakusyu.gr.jp
郵便振替00100-6-179157
印刷所　光陽メディア

落丁・乱丁がありましたらお取りかえいたします。
本書の全部または一部を無断で複写複製して配布することは、著作権上の例外を除き、著作者および出版社の権利侵害になります。小社宛に事前に承諾をお求めください。

ISBN978-4-7617-1445-1　C0036